Natalie Faßmann

Das Kraterbeet

Natalie Faßmann

Das Kraterbeet

Mischkultur im runden Beet

Kraterbeete, Senkgärten und Sonnenfallen

Mit Gemüseporträts für die Anbaupraxis

illustriert von Margret Schneevoigt

pala verlag

Inhalt

Legen Sie Ihr Beet doch mal tiefer!

Wenn wir im Frühjahr die Beete bestellen und die ersten Gemüsesamen ausbringen, möchten wir, dass alles gut gelingt, dass die Kohlköpfe groß werden, die Tomaten gesund und aromatisch sind und die Salate möglichst ohne Schneckenschäden über die Runden kommen. Und für diesen Erfolg tun wir einiges: Wir schichten Hügelbeete auf, damit das Gemüse in warmer, lockerer Erde wachsen kann. Wir bauen Hochbeete aus Holz, Paletten oder Bäckerkisten, wenn der Boden belastet oder gar versiegelt ist. Und wir schaffen einen frostfreien, geschützten Gartenraum in Folienhäusern und Frühbeeten, um auch im Herbst und Winter ernten zu können. Wir rücken uns die Gegebenheiten im Garten so zurecht, damit wir auch in für den Gemüseanbau weniger idealen Gebieten Tomaten, Gurken und Co. anbauen können.

Warum also nicht auch in die Tiefe gehen und eine Mulde ausheben, um ein für Gemüse passendes Mikroklima zu schaffen? Vor allem in den trockenen und windigen Regionen der Welt sieht man solche tiefer gelegten, runden Beete. Denn in diesen sogenannten Kraterbeeten wächst das Gemüse windgeschützt, grundwassernah und mit einem eigenen Regenwasserspeicher, denn der Regen sammelt sich an der tiefsten Stelle. Diese guten Eigenschaften der Kraterbeete kann man sich in Mitteleuropa vor allem in sommertrockenen Regionen zunutze machen. Manchmal reicht schon ein Kraterbeet aus, um eine trockene, warme Ecke in eine blühende Landschaft zu verwandeln. Und doch sieht man die kreisrunden, tiefer gelegten Beete in unseren Gärten noch selten. Ihre außergewöhnliche Form fällt auf und bietet

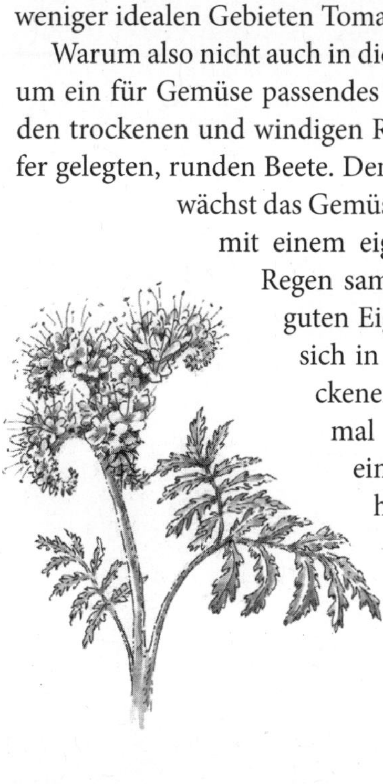

Raum für Kreativität, Gemüse mal anders als in schnurgeraden Reihen anzubauen. Man braucht aber auch Platz, um die Kraterbeete ausreichend groß anlegen zu können.

Auf den folgenden Seiten erfahren Sie, wie man ein Kraterbeet anlegt und harmonisch in den Garten einbindet. Trockensteinmauern und Windschutzhecken helfen dabei, das Kraterbeet (und auch Flachbeete und Hügelbeete) noch ertragreicher und schöner zu gestalten. Da ein Kraterbeet vor allem für den Gemüseanbau genutzt wird, habe ich Ihnen drei Pflanzpläne zusammengestellt, die Sie so auf Ihr Kraterbeet übertragen oder nach Belieben abwandeln können. Dazu gibt es Porträts der wichtigsten Gemüsearten und Praxistipps rund ums Gemüse im Kraterbeet. Probieren Sie es einmal aus und experimentieren Sie mit den unterschiedlichen Anbauzonen, die ein Kraterbeet zu bieten hat.

Was sind Kraterbeete?

Ihr Aufbau ist nicht so kompliziert. Sie ähneln einem umgedrehten Hügel(-Beet), bei dem man in die Tiefe gräbt, anstelle in die Höhe zu bauen. Ein Kraterbeet ist ein meist rundes, manchmal elliptisches, dreidimensionales Beet mit einer muldenförmigen Vertiefung in der Mitte, sanft ansteigenden Hängen und einem aufgeschütteten Wall am Rand. Wie groß ein Kraterbeet angelegt wird, hängt vom Gelände ab. Damit eine genügend große Mulde mit flachem Hang entsteht, sollten es mindestens 2 Meter im Durchmesser sein. Mehr darf es immer sein, hier setzt nur das Gelände eine Grenze. Für den Garten werden Kraterbeete meist mit einem Durchmesser von 3 bis 4 Metern geplant. Es gibt sogar sogenannte Kratergärten mit 30 bis 300 Meter im Durchmesser, etwa die historische Inka-Anlage Moray in Peru. Kratergärten sind viel tiefer ausgehoben als Kraterbeete und es sind Terrassen in die Hangwände gebaut. Sie ähneln etwas unseren Senkgärten.

In Kraterbeeten können die Gemüsearten ganz nach ihren Vorlieben ins warme, geschützte Zentrum oder an den trockeneren, sonnigen Hang gepflanzt werden.

Welche Vorteile haben Kraterbeete?

Kraterbeete haben ihren Ursprung in trockenen Regionen. Die besondere Gestaltung der Beete mit Mulde und Wall erzeugt ein feuchtigkeitsspeicherndes, windgeschütztes Mikroklima. In unseren Breiten kann man die Vorteile des Kraterbeetes vor allem in eher trockenen, exponierten, aber auch kühleren Regionen nutzen. Mehr über das Mikroklima in unseren Gärten lesen Sie ab Seite 18.

Vorteil 1: Wasserspeicher

Das Niederschlagswasser fließt vom Wall ab und sammelt sich natürlicherweise in der Mulde. Dort wird es im Boden gespeichert und steht den Gemüsekulturen länger zur Verfügung als in flachen Beeten oder in Hügelbeeten. Die zusätzliche Bewässerung und damit auch der Pflegeaufwand werden reduziert. Eine Mulchdecke auf dem Boden kann den Wasserspeichereffekt noch verstärken.

Vorteil 2: Wärmespeicher

Die eingesenkte Lage, der vor Wind schützende Wall und die als Wärmespeicher ausgelegten Steine lassen vor allem wärmeliebende Pflanzenarten wie Tomate, Paprika und Gurke gut gedeihen. Selbst der Melonenanbau im Freiland ist in den Kraterbeeten möglich. In windoffenen Lagen und in gebirgigen Höhenlagen bringen die Beete gute Erträge, auch wenn sie nur wenige Stunden in der Sonne liegen. Der Wärmespeichereffekt lässt sich durch eine nördlich des Kraterbeetes angelegte Trockensteinmauer verstärken.

Vorteil 3: Windschutz

Der Wall um das eingesenkte Beet bremst Wind ab. So entsteht ein windgeschützter Raum, in dem wind- und austrocknungsgefährdete Pflanzen wie großblättrige Kürbisgewächse gute Bedingungen finden. In offenen, windexponierten Lagen verstärkt eine Windschutzhecke den Effekt.

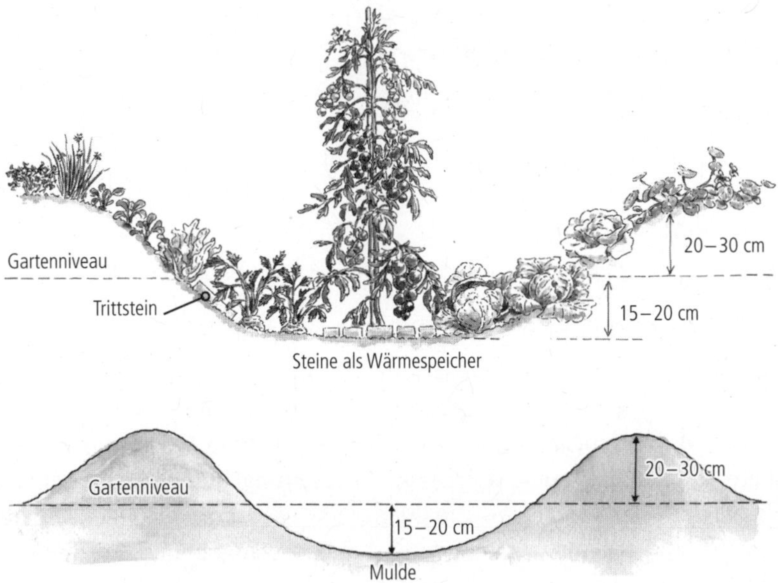

Die Erde aus dem Zentrum des Beetes schüttet man am Rand zu einem Wall auf. So entsteht fast automatisch ein geschützter Bereich im Inneren für wärmebedürftige Gemüsearten wie die Tomate.

Vorteil 4: Kühlung

In Senken sammelt sich kalte Luft. Der Wall spendet zudem Schatten. Im Sommer ist es dort darum kühler als in flachen oder erhöhten Beeten. Das schafft ein kühleres Klima, das vor allem hitzeempfindliche Gemüse wie Salate mögen, die bei sommerlichen Temperaturen vorzeitig in Blüte gehen. Das ist nur scheinbar ein Widerspruch zum Vorteil als Wärmespeicher, denn auch wärmebedürftige Gemüse vertragen Temperaturen über 30 °C nicht. Sie stellen dann ihr Wachstum ein.

Vorteil 5: Erweiterung der Anbaufläche

Am Kraterhang entstehen zusätzliche Anbauflächen, vergleichbar mit einem Hügelbeet. So steht bei gleicher Grundfläche mehr Fläche zur Verfügung als bei einem flachen Beet.

Was kann man in einem Kraterbeet nicht machen?

Die Vorteile überwiegen zwar, doch es gibt auch Nachteile, die sich aus der besonderen Struktur des Kraterbeetes und dem dort herrschenden Mikroklima ergeben.

Spätfrostgefahr

Da sich kalte Luft in Senken sammelt, ist die Spätfrostgefahr im Frühling in Kraterbeeten größer. Zudem erwärmt sich im Frühling die Erde in der Mulde langsamer, sodass wärmebedürftige Gemüsearten erst später gepflanzt werden können als in einem flachen Beet oder einem Hügelbeet oder Hochbeet. Zur Sicherheit wird erst nach den letzten Spätfrösten gepflanzt. Alle anderen frühjahrstauglichen Gemüse sind kältetolerant und können in die Mulde oder auf den Wall gesetzt werden. Bei Frostgefahr werden sie mit einem Vlies abgedeckt.

Staunässe

In Regionen mit hohem Grundwasserspiegel und/oder schwerem Boden, wo viel Regen auf einmal fällt und das Wasser nur langsam abläuft, können Kraterbeete schnell zu kleinen Teichen und zur Todesfalle für die Pflanzen werden. Denn in dem staunassen Beet ertrinken sie. In diesen Regionen sind Hügelbeete besser geeignet, bei denen die Pflanzen oberhalb der Überschwemmungszone stehen.

Tipp Wer trotz Staunässe ein Kraterbeet anlegen möchte, sollte Dränagekies unter dem Beet ausbringen, der das überschüssige Wasser ablaufen lässt.

Wer hat's erfunden?

Kraterbeete scheinen unabhängig voneinander in verschiedenen Regionen der Welt entstanden zu sein, zum Beispiel in den Anden, auf Bali, in Persien und auf Lanzarote. Manchmal wurden gezielt Mulden gegraben wie auf Lanzarote, manchmal nutzte man durch geologische Prozesse entstandene, natürliche Vertiefungen für den Anbau. Egal, welchen Ursprung sie haben, Kraterbeete sind immer eine Anpassung an unwirtliche Klimabedingungen, unter denen kein ertragreicher Anbau in ebenerdigen oder erhöhten Beeten möglich wäre. Gräbt man dagegen ein Loch und verlagert den Anbau eine Ebene tiefer, wachsen die Kulturpflanzen geschützt vor schneidenden und austrocknenden Winden und starker Sonneneinstrahlung. Das Niederschlagswasser läuft in die Mulde und sammelt sich dort.

Die Kraterbeete, wie sie in den letzten Jahren in Deutschland entstanden und wie sie auch in diesem Buch vorgestellt werden, wurden von Ulrich Kowalewski entwickelt. Er erkannte, dass diese besondere Art Beet auch in unseren Breiten gute Dienste leistet, und wandelte sie für mitteleuropäische Klimaverhältnisse ab. Seine Vorbilder waren die Kratergärten auf Lanzarote und die Kreisgärten des US-amerikanischen Pflanzenzüchters Derald G. Langham.

Kraterbeete nach Ulrich Kowalewski

Ulrich Kowalewskis Kraterbeete haben einen Durchmesser von etwa 2 Metern. Die Mulde liegt mindestens 10 bis 15 Zentimeter unterhalb des Gartenniveaus, sie kann jedoch bis 50 Zentimeter abgesenkt werden. Der die Mulde umgebende Wall wird 20 bis 30 Zentimeter hoch aufgeschüttet, am besten mit der Erde aus der Mulde. So entsteht ein geschützter Raum. Im Zentrum des Beetes speichern Basaltsteine oder andere Steine Wärme. Rund um die zentralen Steine werden die wärmeliebenden und feuchtigkeitsliebenden Kulturen angebaut, zum Rand hin robustere Kulturen und auf dem Rand trockenheitstolerante Kulturen gepflanzt.

Kreisgärten nach Derald G. Langham

Der Amerikaner Derald G. Langham lebte und arbeitete lange Jahre als Pflanzenzüchter in Venezuela. In den 1950er-Jahren suchte er nach einer Lösung, wie er seine kostbaren Sesam-Zuchtreihen erhalten könnte. Denn er befürchtete, dass sie sich bei heftigen Regenschauern verkreuzen könnten. Also baute er seine Pflanzen in runden Beeten mit einer zentralen Vertiefung an und stellte fest, dass sie dort viel besser wuchsen als in Reihen. Er vermutete, dass die Vertiefung in der Mitte jedes Beetes eine Verbindung zum Energiefeld der Erde schafft und ein Windhauch reicht, um Energiewirbel auszulösen, die die Pflanzen ernähren.

Langhams Rundbeete wurden weiterentwickelt, zum Beispiel von Gärtnern im südafrikanischen Kapstadt. Mit einem Durchmesser von etwa 1 Meter sind sie kleiner als Kowalewskis Kraterbeete. Sie haben eine Vertiefung im Zentrum, in die zusätzlich eine 2-Liter-Plastikflasche zur indirekten Bewässerung eingegraben wird. Diese Rundbeete bringen gute Erträge. In einem Kreis können entweder zehn Salatköpfe, fünf bis acht Kohlköpfe oder vier Kreis-Reihen Bohnen gesät oder gepflanzt werden.

Das Langham'sche Rundbeet wird mit einer großen, im Zentrum eingegrabenen Plastikflasche zusätzlich bewässert.

Quadratische Waffle-Beete

Ähnlich wie die Kraterbeete legen die Zuni, ein nordamerikanisches Pueblo-Volk im Südwesten der USA, ihre Beete an. Nur sind sie nicht rund, sondern quadratisch. Um das Beet wird ein kleiner Graben ausgehoben und die Erde neben dem Graben als Wall aufgeschüttet. Das so entstehende Mikroklima ist vor allem in den trockenen Regionen im Südwesten der USA wachstumsfördernd. Die geringen Niederschläge werden im Boden gespeichert. Die Zuni bauen in diesen an Kassetten erinnernden Beeten, die im Amerikanischen übrigens »Waffles« heißen, die »Drei Schwestern« an. Das ist eine traditionsreiche Mischkultur aus Mais, Bohnen und Kürbis.

Historische Krateranlagen in den Anden

Eher zufällig wurden 1931 in der Nähe von Cuzco in den peruanischen Anden die terrassierten Krater von Moray entdeckt. Sie messen etwa 183 Meter im Durchmesser und sind an ihrer tiefsten Stelle 150 Meter tief. In konzentrischen Ringen sind jeweils zwölf Terrassen in die Krater gegraben. Zwei Krater wurden nicht vollendet. Diese künstliche Kraterlandschaft wird den Inka zugeschrieben, die im 13. bis 16. Jahrhundert dort lebten. Wozu diese Anlage diente, ist nicht bekannt. Aber Gegenstand wissenschaftlicher Theorien: So soll die Anlage zeremoniellen Zwecken gedient haben. Vielleicht war sie auch ein Amphitheater, denn die Akustik ist überwältigend. Andere Theorien gehen dahin, dass es eine landwirtschaftliche Musteranlage oder sogar eine Forschungseinrichtung zur Züchtung und Bewertung von Kulturpflanzen gewesen sein könnte. Denn die Böden auf den Terrassen sind offenbar künstlich aufgebracht und repräsentieren die Bodenverhältnisse im Inkareich. Auch sind die untersten Terrassen um etwa 15 °C kühler als die oberen Terrassen und könnten so Höhenlagen simulieren. Es hätten also verschiedene Klimazonen dargestellt werden können. Diese Theorie ist umstritten. Gegner der Theorie behaupten, dass die Klimaverhältnisse heute nicht mit denen vor knapp 600 Jahren verglichen werden können. Doch wurden die Terrassen bis in die späten 1970er-Jahre, bis das Gelände zur Ausgrabungsstätte wurde, landwirtschaftlich genutzt.

Krater-Wein auf Lanzarote

Lanzarote ist die trockenste der Kanarischen Inseln. Dort fallen gerade mal durchschnittlich 112 Millimeter Niederschlag im Jahr. Im Vergleich dazu regnete es 2015 in Deutschland durchschnittlich 688 Millimeter. Der Jahresdurchschnitt der Kanarischen Inseln gesamt beträgt 234 Millimeter Regen. Dabei gibt es die meisten Regentage im Winterhalbjahr. Hinzu kommt, dass Lanzarote über kein Grundwasser verfügt. Doch die Pflanzen auf der Insel müssen nicht darben. Die feuchte Atlantikluft, die zu Wolken und Nebel kondensiert, reicht aus, um Landwirtschaft betreiben zu können. Denn die relativ hohe Luftfeuchte von über 80 Prozent schlägt sich nachts auf der durch die Sonne erhitzten Vulkanasche nieder und bewässert so die Kulturen.

Die Vulkanausbrüche der Jahre 1730 bis 1736 haben das Antlitz der Insel geprägt. Die Erde wurde teils bis zu 2 Meter hoch mit vulkanischer Asche bedeckt. Doch der Einfallsreichtum der ansässigen Bauern machte das Land auf eine besondere Weise fruchtbar. Sie gruben tiefe Löcher in die Vulkanasche, um bis zur ursprünglichen, fruchtbaren Erde vorzudringen. Noch heute werden auf Lanzarote Kraterbeete angelegt, denn sie haben sich vor allem beim Weinanbau bewährt. Zum Beispiel wird im Gebiet La Geria auf etwa 2300 Hektar Fläche auf diese Weise Wein angebaut.

Dafür legen die Bauern Gruben mit 3 Meter Durchmesser an und graben sich bis auf das Niveau der ursprünglichen Erdschicht durch. Dort bringen sie 2 Zentimeter Dünger auf die Erde auf und pflanzen den Weinstock. Die vulkanische Asche oder das Tephra der Wände rieselt in die Grube, sammelt sich auf der Erde und bildet eine Mulchschicht von 40 bis 50 Zentimeter Höhe. Die Vulkanasche speichert das Wasser und gibt es nach und nach an die Pflanzen ab. Um das Kraterbeet wird eine halbrunde Mauer in Hauptwindrichtung meist aus Basaltsteinen aufgeschichtet. Sie schützt die Pflanzen vor dem austrocknenden Nordost-Passatwind, der die Insel streift.

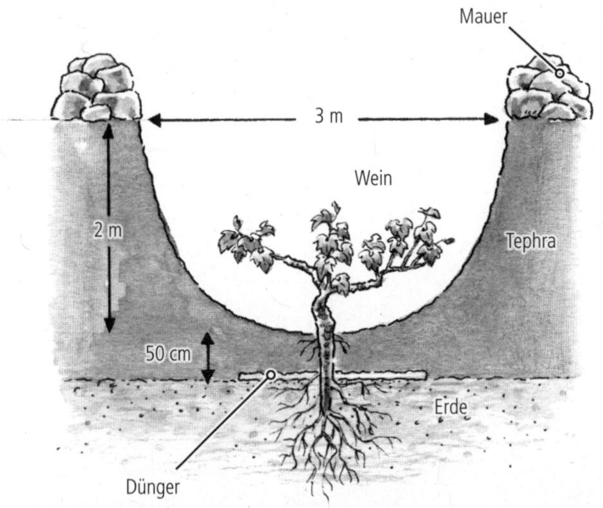

Weinanbau auf Lanzarote: In der Vulkanasche wird so tief gegraben, bis man auf den Mutterboden stößt. Dort hinein setzen die Bauern die Weinstöcke und geben etwas Dünger mit. Auf dem Rand der Pflanzgruben werden zusätzlich niedrige Mauern aufgeschichtet, die den austrocknenden Nordost-Passat abhalten.

► **Gut zu wissen:** Die natürlich aufgeschichtete Asche nennt man auf Spanisch »enarenado natural«. In den 1980er-Jahren trug man die Vulkanasche ab. Heute bringt man sie künstlich wieder auf (»enarenado artificial«), um von der wasserspeichernden Ascheschicht zu profitieren. Eine wissenschaftliche Untersuchung hat gezeigt, dass selbst in den trockensten Sommermonaten der Wassergehalt unterhalb der Vulkanasche stets über dem Welkepunkt der Pflanzen bleibt. ■

Kraterbeet und Mikroklima

Kraterbeete verändern durch ihre besondere Form mit Mulde und Wall das Mikroklima in ihrer Umgebung und schaffen so bessere Anbaubedingungen für Gemüse und Obst. Auch andere Gartenelemente wie Hecken und Mauern können Einfluss auf das Mikroklima haben. Doch was ist das Mikroklima und warum können wir es beeinflussen?

Was ist das Mikroklima?

Klima und Wetter in einer Region werden vor allem von deren Lage bestimmt, also von der geografischen Breite, der Höhe des Geländes und der Entfernung zum Meer oder anderen größeren Wasserflächen. Weiterhin spielen Bodenart, Bodenbedeckung, anthropogene Bebauung und Abwärme eine Rolle. Diese und weitere sogenannte Klimafaktoren beeinflussen die Klimaelemente Temperatur, Luftfeuchte, Luftdruck, Wind, Niederschlag und Bewölkung.

► **Gut zu wissen:** Meteorologisch gesehen, ist Wetter ein physikalischer Zustand der Atmosphäre zu einem bestimmten Zeitpunkt oder während eines Zeitraumes an einem bestimmten Ort. Dieser Zustand ist wechselhafter als das Klima. Klima ist die Zusammenfassung aller Wettererscheinungen, die einen bestimmten Ort oder ein Gebiet charakterisieren. Klima wird langfristig in Jahrzehnten betrachtet, das Wetter dagegen kurzfristig in Tagen, Wochen und Monaten. ■

Großklima oder Makroklima

Deutschland befindet sich in der gemäßigten Klimazone mit Tiefdruckgebieten, die häufig von Südwest nach Nordost verlaufen. Darum herrscht bei Tiefdruck Westwind vor. Die zweithäufigste Windrichtung ist die aus nordöstlicher bis östlicher Richtung. Sie tritt häufig bei Hochdrucklage auf. Diese Phänomene kennzeichnen das Großklima. Regional können durch besondere Geländeformen und Landnutzung regionaltypische Wetterphänomene entstehen, die sich vom Großklima unterscheiden. Beide – das Großklima wie das Regionalklima – können wir nicht beeinflussen. Wir können unsere Pflanzenwahl jedoch dem Standort anpassen.

Kleinklima oder Mikroklima

Im Garten interessiert uns auch das Kleinklima oder Mikroklima, das sich in den bodennahen Luftschichten bildet. In den meisten Gärten gibt es mehrere kleine Mikroklimagebiete, die sich in Temperatur, Feuchtigkeit und Sonnenscheindauer zum Teil deutlich voneinander unterscheiden können. Diese Klimagebiete können schon vorhanden sein oder wir richten sie gezielt ein. Denn das Mikroklima können wir – im Gegensatz zum Makroklima – beeinflussen und damit das Wachstum unserer Gartenpflanzen fördern. Schon mit ein paar einfachen Mitteln können Temperatur, Luftströmung und Bodenfeuchte gesteuert werden.

Klimaelement Wind

Ein leichter Wind, der durch die Blätter streicht, trocknet sie nach einem Regenguss schnell ab. So finden Pilzsporen keine guten Bedingungen, um sich etablieren zu können. Zu starker Wind jedoch zerzaust die Pflanzen, zerstört Gewebe und lässt die Pflanzen einfach nicht gut wachsen. Wind entzieht der Luft Wärme und Feuchte. In einer windgeschützten, sonnigen Senke kann es einige Grad Celsius wärmer sein als in der Umgebung.

Vor Wind schützen

Es gibt mehrere Möglichkeiten, ein Beet vor zu viel Wind zu schützen.

Kraterbeetwall

Ein aufgeschütteter Wall rund um ein Beet, wie um unser Kraterbeet, bremst bodennahen Wind ab. Einen ähnlichen Effekt haben niedrige Beeteinfassungen aus Holzleisten, Ziegelsteinen oder niedrigen Hecken aus Buchs oder Kräutern.

Bodenbedeckung

Bodenbedeckung schützt den Boden vor Winderosion, zum Beispiel mit bodendeckenden Stauden und kriechenden Gehölzen, niedrigen Gemüsearten, die unter hohen Gemüsearten wachsen, und Mulch.

Hecken und Mauern

Hecken und Mauern sind wirkungsvolle Barrieren gegen starken Wind und werden in Hauptwindrichtung gepflanzt oder aufgestellt. Vorsicht: Massive Mauern lenken den Wind nach oben. Das führt zu Unterdruck auf der Rückseite der Barriere und zu Turbulenzen. Besser sind Windschutzhecken, die den Wind nur abbremsen und abgeschwächt durchlassen. Mehr über Windschutzhecken lesen Sie ab Seite 116.

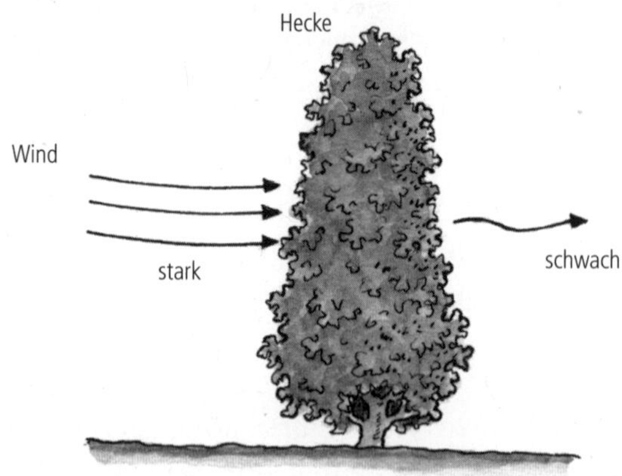

Hecken schwächen starken Wind ab, wenn sie in Hauptwindrichtung gepflanzt werden. Mauern haben einen ähnlichen Effekt.

Klimaelement Temperatur

Die Sonneneinstrahlung beeinflusst die Luftwärme. Vor einer südlich ausgerichteten Hauswand oder einer Steinmauer erwärmt sich die gestaute Luft besonders schnell. Dort ist es in der vollen Sonne um einige Grad Celsius wärmer als im Schatten.

Kalte Luft ist schwerer als warme Luft. Deshalb fließt sie zum tiefsten Punkt im Gelände. Es bilden sich sogenannte Kaltluftseen und Frostsenken, die besonders im Frühling und Herbst für kälte- und frostempfindliche Pflanzen gefährlich werden können.

Temperatur verändern

Auch die Temperatur können wir durch unterschiedliche Maßnahmen verändern.

Steine

Steine sind gute Wärmespeicher und können extreme Temperaturschwankungen vor allem in kühlen Regionen ausgleichen. Einzeln verlegte Steine wärmen kälteempfindliche Pflanzen im Frühling und Herbst, wenn sie zum Beispiel als Trittsteinweg im Beet verteilt werden.

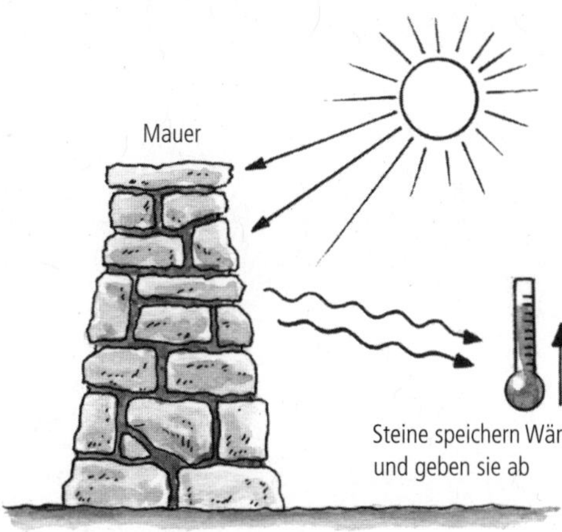

Steine speichern Sonnenwärme und geben diese nachts wieder ab. Davon profitieren wir Menschen, wenn wir uns abends in die Nähe von tagsüber aufgeheizten Mauern setzen. Doch auch Pflanzen tut die zusätzliche Wärme gut.

Senken

Möchte man im heißen Hochsommer gern kühles Klima, kann man gezielt Senken bauen, etwa das Kraterbeet für den Anbau von hitzeempfindlichem Gemüse oder einen Senkgarten zum Sitzen. Die Luft heizt sich nicht so schnell auf, sie bleibt länger angenehm kühl. Mehr zum mikroklimabildenden Senkgarten lesen Sie ab Seite 130.

Mulch

Eine Abdeckung mit Mulch isoliert den Boden und hält ihn im Herbst lange warm. Im Frühjahr jedoch sollte die schützende Mulchdecke beiseite geräumt werden, denn sie bewirkt nun das Gegenteil. Sie verhindert, dass Sonnenstrahlen und damit die Wärme durchdringen und den Boden erwärmen können. Verschiedene Mulchmaterialien beeinflussen das Mikroklima unterschiedlich: Unperforierte Folien wirken als Verdunstungsschutz und halten das Wasser im Boden. Weiße Folien erhöhen die Reflexion und schützen den Boden vor zu hohen Temperaturen, die die Pflanzen fast »kochen« lassen würden. Schwarze Folien dagegen speichern Wärme und erwärmen den Boden im Frühjahr schneller. Mehr über Mulch lesen Sie ab Seite 101.

Bodenlockerung

Regelmäßig mit der Hacke gelockerter Boden wirkt dank seiner Lufteinschlüsse stark isolierend und temperaturhaltend. Die raue Oberfläche bremst bodennahen Wind etwas ab. Mehr dazu, wie Sie mit Bodenbearbeitung den Feuchtigkeitshaushalt des Bodens verändern und dabei Wasser sparen können, lesen Sie auf Seite 101.

Glas und Folien

Kleingewächshäuser, Folientunnel und Frühbeete lassen durch ihre transparenten Abdeckungen (Glas, Folie und andere Kunststoffe) Licht durch, halten die Wärme jedoch im Innern und sorgen in kühlen Regionen und im Frühjahr und Herbst für warmes Klima und damit für einen erweiterten Anbauraum für Gemüse.

Sonnenfallen

Aufwendiger sind Sonnenfallen oder Wärmefallen zu gestalten, die das Sonnenlicht einfangen und die in Wärme umgewandelte Strahlung stauen oder speichern. Sie werden in U-Form mit der offenen Seite in Südrichtung hinter empfindliche Pflanzen gebaut. Sonnenfallen sind unter anderem Hecken oder Steinmauern. Mehr zu Sonnenfallen und Wärmefallen lesen Sie ab Seite 114.

Hecken und Mauern

Kälteseen entstehen häufig in Senken und Mulden, in denen sich kalte Luft sammelt. Empfindliche Pflanzen reagieren mit Frostschäden. Hecken und Mauern halten die kalte Luft auf, sodass sie nicht weiterfließen kann. Das ist vor allem in hängigem Gelände wichtig, wenn der Garten in einer Talmulde liegt.

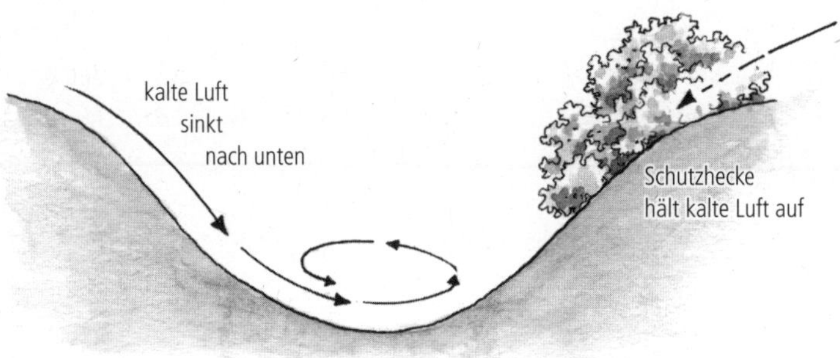

Sogenannte Kälteseen lassen die Luft in Tälern lange kühl bleiben. Hecken oder Mauern verhindern, dass die kalte Luft in die Täler fließt, und beugen so auch Spätfrostschäden vor.

Teiche

Teiche und andere Gewässer kühlen im Sommer und wärmen im Winter. Sie verändern die Lufttemperatur in der Umgebung. Durch Verdunstungskühlung können sie die Umgebungstemperatur um etwa 2 °C senken im Vergleich zu einem Garten ohne Teich. Das macht es besonders im Sommer angenehm, sich in der Nähe von Wasser aufzuhalten. Extrem hohe Temperaturen in trockenen Gebieten können so ausgeglichen werden. Teiche sind aber auch sehr gute Wärmespeicher.

Klimaelement Sonnenscheindauer

Sonne und Schatten haben großen Einfluss auf das Pflanzenwachstum. Gemüse, mediterrane Kräuter und einige Obstarten sind auf viel Sonnenschein angewiesen, während andere Pflanzenarten sich im Halbschatten oder Schatten wohler fühlen. Meist steigt mit der Sonneneinstrahlung die Temperatur und die Luftfeuchte sinkt.

Vor Sonne schützen

Sehr sonnige und damit meist auch heiße und trockene Zonen können gezielt schattiert werden, zum Beispiel mit Sonnenschirmen, Sonnensegeln oder einem Schatten spendenden Baum.

Klimaelement Niederschlag

Wasser fließt immer zur niedrigsten Stelle im Gelände und sammelt sich dort. Es folgt dem Gefälle. Darum sind Senken und Mulden meist gut mit Wasser versorgt, während höher gelegene Orte trockener sind. Wie viel Wasser im Boden gespeichert wird, hängt von der Bodenart (siehe auch ab Seite 37) und der Höhe des Grundwasserspiegels ab.

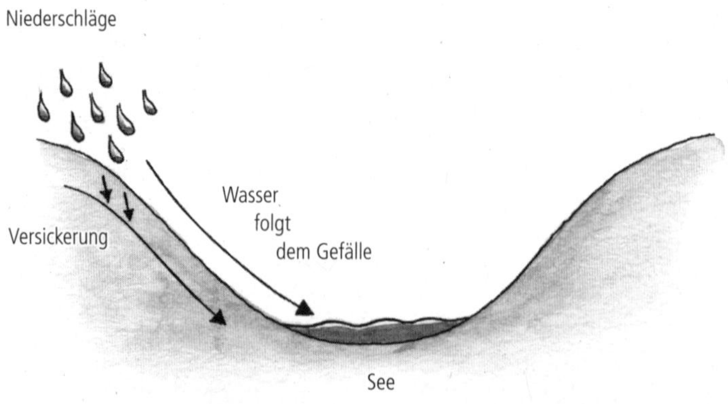

Niederschläge verdunsten, versickern und fließen oberirdisch ab. Dabei folgt das Wasser dem Gefälle und fließt immer zur tiefsten Stelle, versickert dort oder sammelt sich in Gewässern.

Die Mikroklimazonen im Kraterbeet

Komplexe Gartenelemente wie das Kraterbeet beeinflussen an sich das Mikroklima und haben in sich noch einmal Zonen mit unterschiedlichem Mikroklima: Zusätzlich zur Mulde und zum Wall gibt es noch Innenhänge und Außenhänge, die durch den jeweils anderen Sonneneinfall unterschiedliche Lebensräume bieten – ähnlich wie Hügelbeete, Trockenmauern und Kräuterspiralen, auf die sich die folgenden Beschreibungen übertragen lassen (siehe auch ab Seite 32). Wie Sie Mikroklimazonen in Ihrem Garten erkennen und nutzen können, lesen Sie ab Seite 28. Im Bild auf Seite 26 sehen Sie die Mikroklimazonen im Kraterbeet. Im Folgenden sind diese Zonen von 1 bis 7 beschrieben.

Die Mulde (1)

Das Wasser folgt der Schwerkraft und fließt vom Hang in die Kratermulde, wo es sich sammelt. Im Frühjahr ist es dort feucht und kühl und der Boden braucht länger, um sich zu erwärmen. Der rundherum aufgeschüttete Wall schützt vor Wind. Im Sommer ist in der Mulde ein guter Platz für hitzeempfindliche Gemüse wie Salate oder wärmeliebende und schutzbedürftige Gemüse wie Melonen, die viel Wasser für ihre Entwicklung brauchen. Steine in der Mulde speichern tagsüber die Wärme und geben sie nachts wieder ab.

Der Wall (2)

Auf dem Wall ist es trockener als in der Mulde. Die aufgeschüttete Erde erwärmt sich im Frühjahr schnell. Darum können dort schon sehr zeitig im Jahr erste Gemüse wie Radieschen und Salat gesät werden. Ab dem späten Frühjahr folgen dann Gemüse und Kräuter, die besser mit Trockenheit klarkommen, zum Beispiel mediterrane Kräuter, Ringelblumen und Wildtomaten.

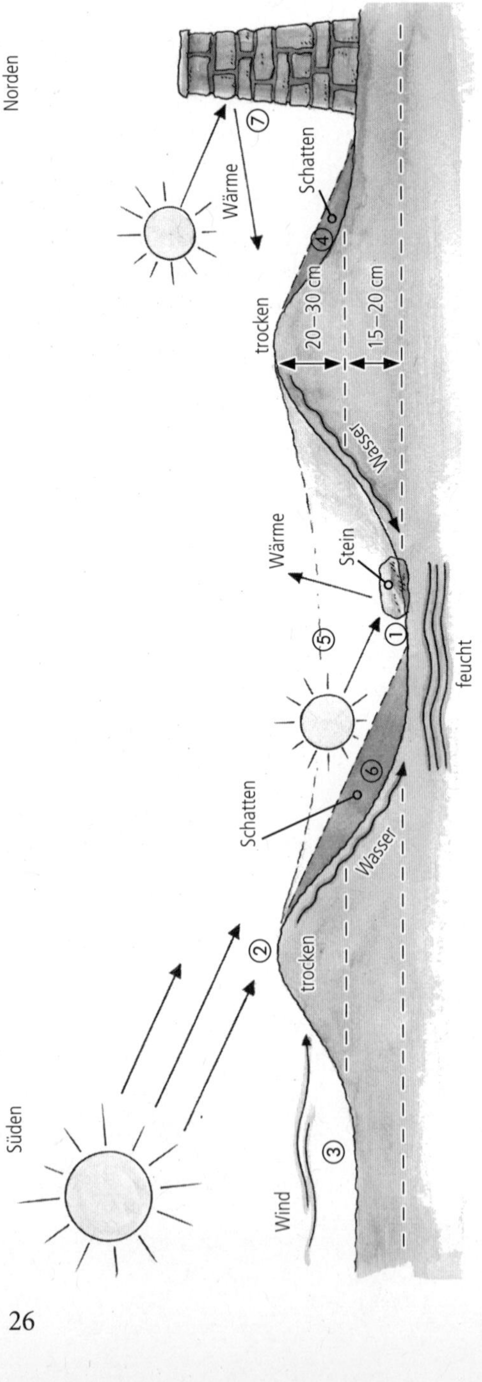

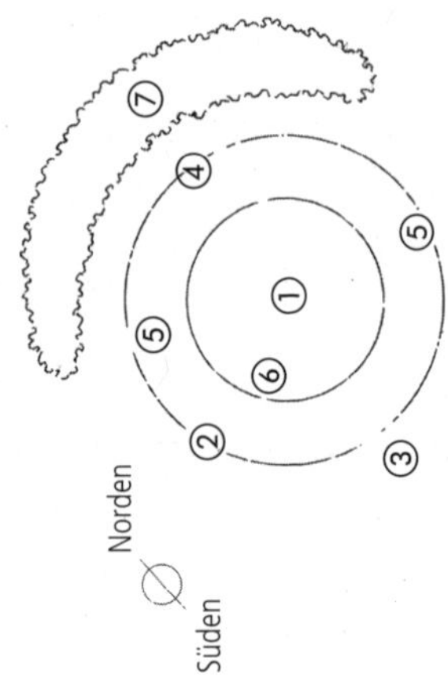

In einem Kraterbeet befinden sich verschiedene Mikroklimazonen: die geschützte Mulde (1), der trockene Wall (2), der sonnige, trockene Südhang (3), der schattige Nordhang (4), die sonnigen bis halbschattigen Innenhänge und der feuchte, schattige Fuß des inneren Hangs. Eine Trockenmauer oder eine Windschutzhecke (7) im Norden verstärkt den Mikroklima-Effekt noch.

Der äußere Südhang (3)

Der nach Süden zeigende Hang des Walls ist von der Sonne beschienen und trocken. Dort können vor allem mediterrane Kräuter gepflanzt werden.

Der äußere Nordhang (4)

Gegenüber dem Südhang liegt der äußere Nordhang, der trocken und schattig ist. An seinen feuchteren Fuß können einjährige Kräuter wie Kerbel und Petersilie gesät und gepflanzt werden.

Der östliche und westliche Innenhang (5)

Dort ist es sonnig bis halbschattig und die Erde trocknet relativ schnell ab. Das kann durch eine Mulchschicht verhindert werden. Hier gedeihen in gut gelockerter Erde Wurzelgemüse wie Möhren, Rote Bete, aber auch das kälteempfindliche Basilikum.

Der Fuß des Innenhangs (6)

Am Innenhang, in der Nähe der Mulde, ist es feuchter als am Hang selbst. Der Wall wirft Schatten. Dort gedeihen vor allem feuchtigkeitsliebende, halbschattenverträgliche Blattgemüse wie Mangold und Salat.

Wärmefalle und zusätzlicher Windschutz (7)

Um den Mikroklima-Effekt zu erhöhen, kann im Norden des Kraterbeets eine Hecke gepflanzt oder eine Trockenmauer gebaut werden. Die Ränder einer Windschutzhecke laufen flach im Osten und Westen aus. So wird Sonnenenergie eingefangen und in Wärme umgewandelt. Die Windschutzhecke bremst Wind ab und schafft einen geschützten Raum.

Mikroklimazonen im Garten erkennen

Versuchen Sie durch Beobachtung und Messung herauszufinden, wo sich die kleinen Mikroklimazonen in Ihrem Garten befinden und wie Sie sie nutzen können.

Sonnenscheindauer

Beobachten Sie den Sonnenlauf in verschiedenen Jahreszeiten. Im Frühling und Herbst steht die Sonne niedriger als im Sommer. Wo scheint lange die Sonne? Welche Bereiche liegen lange im Schatten? Wie sieht es unter Bäumen und Sträuchern aus? Gibt es Unterschiede in der Nähe von Gebäuden?

Beobachtung 1: Im Frühling erscheint unter unbelaubten Laubbäumen eine muntere kleine Gesellschaft: die Frühlingsblüher. Winterlinge, Blausternchen, Scharbockskraut und andere nutzen im zeitigen Frühjahr die kurze Zeit des Sonnenscheins, um ihren Lebenszyklus zu vollziehen. Wenn gegen Ende des Frühlings die Laubbäume in vollem Blätterkleid stehen und Schatten werfen, ziehen sich die kleinen Frühjahrsblüher in die Erde zurück – und warten dort bis zum nächsten Frühjahr.

Beobachtung 2: Terrassierte Beete an einem Hang in Südrichtung fangen mehr Sonnenstrahlung ein als flache Beete. Das kann man gut in Weinbaugebieten beobachten, in denen die Reben auf mit Steinen terrassierten Südhängen angebaut werden: Dort nutzt man auch die Wärmespeicherwirkung der Steine und meist auch der Flüsse am Fuß der Weinberge.

Mikroklimazone nutzen

Wählen Sie die Pflanzen nach ihren Lichtbedürfnissen aus: Beete im Schatten von Hauswänden, Mauern und Bäumen sind gut für schattenverträgliche Arten. Vorsicht: Im Regenschatten ist es meist zusätzlich trocken, unter Bäumen gibt es meist auch starke Wurzelkonkurrenz. In der vollen Sonne kann man Kiesbeete oder Steingärten mit sonnen- und trockenheitsverträglichen Arten anlegen.

Temperatur

Messen Sie die Temperatur mit Thermometern, die Sie an verschiedenen Stellen im Garten aufstellen. Wie verändert sich die Temperatur unter Sonneneinfluss? Wie hoch ist die Temperatur in der Nähe eines Teiches, einer Steinmauer oder einer Hecke im Vergleich zu anderen Standorten im Garten?

Beobachtung 3: Steine speichern Wärme. Berühren Sie einmal eine Trockensteinmauer, die im Sommer den ganzen Tag von der Sonne beschienen wurde. Mittags sind die Steine so heiß, dass Sie sie kaum berühren können. Schon einige Zentimeter von der Mauer entfernt kann Ihre Hand die Hitze spüren. Wenn die Sonne untergegangen ist und die Temperatur sinkt, gibt die Mauer langsam ihre Wärme wieder ab. Sie können es spüren, wenn Sie die Mauer während der Dämmerung und in der Nacht noch einmal berühren.

Mikroklimazone nutzen

An zur Südseite ausgerichteten Hauswänden oder Mauern können Obstgehölze, teils auch subtropische wie die Feige, Reben und Fruchtgemüse wie Tomaten, Paprika und Melonen gezogen werden. Auch eine Erweiterung durch einen Wintergarten oder ein Anlehngewächshaus ist denkbar.

Ein Anlehngewächshaus auf der Südseite einer Mauer oder einer Hauswand nutzt den Wärmespeichereffekt der Mauer im Rücken und den Glashauseffekt der Gewächshausscheiben. Genau das richtige Klima für wärmebedürftige Pflanzenarten.

Niederschläge

Stellen Sie Regen- oder Niederschlagsmesser im Garten auf, vor allem dort, wo Sie Ihre Gemüse- und Staudenbeete und den Rasen haben. Wie viel Regen trifft im offenen Gelände auf den Boden auf? Wie viel Wasser kommt auf der windabgewandten Seite von Hecken und Mauern an? Wie viel Regen lassen die Bäume durch? Wie verändert sich die Niederschlagsmenge im Jahresverlauf? Machen Sie sich zu Letzterem unbedingt Notizen, um die Jahre miteinander vergleichen zu können!

Beobachtung 4: Die windabgewandte Seite von Hecken und Mauern nennt man auch Regenschatten. Denn dort erreicht viel weniger Niederschlag den Boden als auf der windzugewandten Seite. Der Boden ist trocken und es wachsen dort andere Pflanzen, wenn überhaupt. Das liegt daran, dass der Regen selten senkrecht fällt, sondern durch den Wind abgelenkt wird, und Hecken und Mauern wie Barrieren wirken.

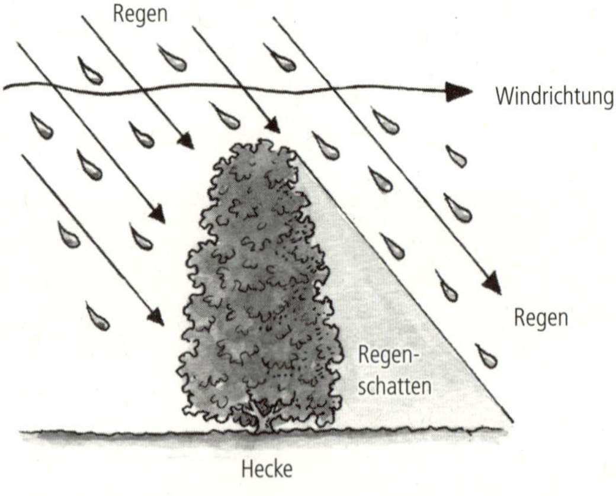

Eine Hecke hat zwei Seiten: die dem Regen zugewandte Seite und den Regenschatten. Im Regenschatten einer Hecke ist der Boden eher trocken. Auf dieser Seite der Hecke sollten die Pflanzen gut ausgewählt und mit Bedacht gesetzt werden.

Mikroklimazone nutzen

Legen Sie einen Teich an der niedrigsten Stelle in Ihrem Garten an oder pflanzen Sie feuchtigkeitsliebende Pflanze in eine Senke. Trockenheitsverträgliche Pflanzen werden stattdessen an eine höhere Stelle gesetzt.

Sind Bäume ständig starkem Wind ausgesetzt, der hauptsächlich aus einer Richtung weht, passen sie sich an und wachsen bevorzugt in die Gegenrichtung.

Wind

Beobachten Sie, aus welcher Himmelsrichtung der Wind hauptsächlich weht. Auskunft darüber gibt auch der Wetterdienst. Gibt es Windkanäle, die durch Häuser oder Mauern entstanden sind, durch die häufig starker Wind weht? Sind einige Bereiche windgeschützt? Die Windstärke kann mit einem Handwindmesser bestimmt werden.

Beobachtung 5: An Küsten und im Gebirge sieht man häufig sogenannte Windflüchter. Das sind Bäume, die ständig in einer starken Windströmung stehen. Die Bäume reagieren mit einem verstärkten Wachstum in die dem Wind abgewandte Richtung.

Mikroklimazone nutzen

Nutzen Sie windgeschützte Stellen in Ihrem Garten für Sitzplätze oder für wärmeliebende Pflanzen.

Noch mehr Mikroklimazonen schaffen

Kraterbeete, Hügelbeete, Trockenmauern, Senkgärten und Kräuterspiralen verbessern nicht nur das Mikroklima, sie sind sogar Elemente, mit denen verschiedene Mikroklimazonen im Garten geschaffen werden können.

Hügelbeet

Ein Hügelbeet besteht aus mehreren Schichten, die es in die Höhe wachsen lassen. Auf eine Kernschicht aus Hecken- oder Baumschnitt folgen Grassoden, feuchtes Laub, Grobkompost und als Abschlussschicht Komposterde und Oberboden. Die aufragende Hügelform mit den sanften Hängen vergrößert nicht nur die Anbaufläche. Da die oberste Schicht, die Bodenschicht, nicht mehr mit der Erde verbunden ist, erwärmt sie sich im Frühjahr schneller. Dieses Gartenelement ist vor allem für Regionen mit schwerem, kaltem oder verdichtetem Boden und mit Überschwemmungsneigung geeignet. Durch den Abbau der organischen Substanz der inneren Schichten gibt es im ersten Jahr einen zusätzlichen Wärmeschub, der Gurken, Zucchini und Tomaten zugutekommt. Nachteile der Hügelbeete sind, dass das Wasser schnell abläuft und die Erde rasch austrocknet.

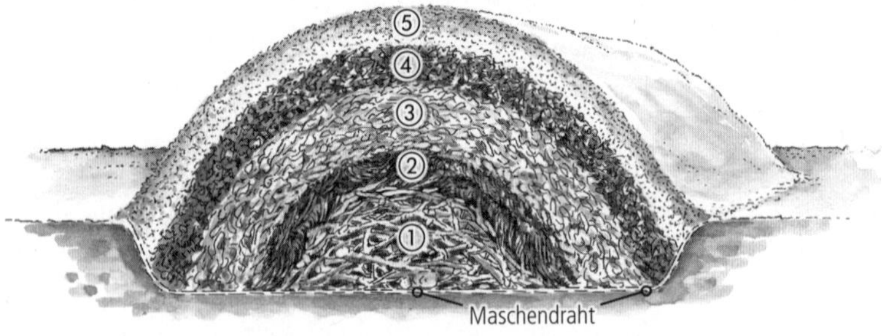

Aufbau eines Hügelbeetes mit 180 cm Beetbreite und etwa 60 cm Beethöhe
1: Hecken- oder Baumschnitt (etwa 40 cm hoch)
2: Grassoden (etwa 10 cm hoch) 3: feuchtes Laub (etwa 30 cm hoch)
4: Grobkompost (etwa 15 cm hoch)
5: Komposterde oder Oberboden (etwa 15 cm hoch)

Auf und an einem Hügelbeet entstehen verschiedene Mikroklimazonen. Der lockere Boden an den Hängen ist ideal für Wurzelgemüse. Auf dem Kamm ist es hell, warm und trocken, gut für wärmebedürftige Gemüse wie Tomaten, Paprika, Auberginen. Auch Zucchini, Gurken, Kürbisse und Melonen können dort wachsen, brauchen aber eine zusätzliche Bewässerung. Am Fuß des Hügelbeetes ist es feucht. Dort können feuchtigkeitsbedürftige Blattgemüse angebaut werden, die mit weniger Licht auskommen. Wird das Beet in Nord-Süd-Richtung ausgerichtet, gibt es einen Osthang und einen Westhang, die jeweils die Morgensonne und die Abendsonne einfangen. Beide Hänge des Hügelbeetes liegen etwa gleich lange in der Sonne. Wird das Hügelbeet stattdessen in Ost-West-Richtung ausgerichtet, wird die Südseite stärker beschienen und es entsteht der Effekt einer Sonnenfalle, vor allem für wärmeliebende Pflanzen. Dieser lässt sich durch einen Teich oder ein Wasserbecken noch verstärken. Auf der Nordseite finden hitzeempfindliche Pflanzen ihren Platz.

Trockensteinmauer

Trockensteinmauern werden ohne Mörtel aufgeschichtet. Sie können frei stehend mit zwei Seiten oder als Hangbefestigung mit einer Seite gebaut werden. Auf der sonnenzugewandten Seite erwärmen sich die Steine gut und bieten wärmeliebenden Arten aus Flora und Fauna einen Lebensraum. Die Wärmestrahlung ist so stark, dass sie auch auf vor der Mauer stehende Pflanzen wirkt. Auf der sonnenabgewandten Seite ist es dagegen schattig und am Mauerfuß in Bodennähe auch feucht. Wie man frei stehende Trockensteinmauern baut und welche Pflanzen dort angesiedelt werden können, lesen Sie ab Seite 118.

Kräuterspirale

Eine Kräuterspirale wächst ähnlich wie das Hügelbeet in die Höhe. Die Stabilität wird ihr von Steinen verliehen, die entweder wie eine Trockenmauer ohne Mörtel oder als Natursteinmauer mit Mörtel aufgeschichtet werden. Bausätze gibt es auch mit Drahtgitterkörben, die mit Steinen gefüllt werden.

Das Besondere an einer Kräuterspirale ist, dass sie auf kleinstem Raum einer Vielzahl an Kräutern Platz bietet und dabei deren unterschiedliche Standortbedürfnisse berücksichtigt. Durch den Aufbau mit verschiedenen Höhen, Ausrichtung nach einer bestimmten Himmelsrichtung – besonders günstig ist hier die Nord-Süd-Ausrichtung – und verschiedenen Erdmischungen entstehen mindestens vier unterschiedliche Mikroklimazonen entlang der Kräuterspirale. Auf dem Gipfel ist es trocken und warm, ideale Bedingungen für mediterrane Kräuter wie Rosmarin. Je weiter man sich nach unten auf der Spirale bewegt, desto feuchter und humusreicher wird der Boden. Am Fuß der Spirale wird oft ein kleines Wasserbecken angelegt. Dort leben die feuchtigkeitsliebenden Kräuter wie Brunnenkresse. In den Mauerfugen von Trockenmauern entstehen Lebensräume für Polsterpflanzen und Tiere.

Kräuterspiralen sind wahre Raumwunder, denn sie bieten einer Vielzahl von Kräutern auf kleinstem Raum Platz.

Nachteil der Kräuterspiralen ist, dass die Kräuter sie aufgrund der optimalen Standortbedingungen schnell überwuchern. Stark wuchernde und ausläufertreibende Pflanzen, etwa Pfefferminzen, sollten daher nicht in die Kräuterspirale gesetzt werden.

► **Gut zu wissen:** Die Kräuterspirale hat einen geistigen Vater, den Australier Bill Mollison. 1981 berichtete er in einem Vortrag, wie er die Kräuterspirale erfand: »Ich lag eines Abends im Bett und dachte nach. Das Problem mit den Mustern ist, dass sie alle zweidimensional sind: Sie erheben sich nicht in die Luft und senken sich nicht in den Boden. Dann kam mir das Bild von einer Meeresschnecke. Schnecken nehmen diese Form ja nicht ohne Grund an. Sie tun es, weil es eine sehr effektive Methode ist, möglichst viel Verdauung auf kleinstem Raum unterzubringen. Warum lassen wir unsere Gärten nicht auch nach oben steigen und nach unten in den Boden wachsen? (…) Am nächsten Tag ging ich hinaus in den Garten und baute eine Spirale von etwa zwei Meter Durchmesser. Dann fragte ich mich, warum ich sie nicht auch in den Boden graben sollte. Dadurch würde sich ein noch stimmigeres Muster ergeben. Die ausgehobene Stelle könnte man mit Wasser füllen. Ich baute die ganze Sache an einem Nachmittag. Sofort war mir klar, dass ich eine Vielzahl von Mikroklimazonen geschaffen hatte, schattige und halbschattige Stellen und schöne helle, heiße, sonnige Standorte an der Spitze.« ■

Senkgarten

Ein Senkgarten kann als eine Kombination aus Kraterbeet und Trockensteinmauer betrachtet werden. Da die Grube deutlich größer und tiefer ausfällt als bei einem Kraterbeet, werden die Hänge mit Trockensteinmauern oder anderen Mauern befestigt. Je nach Sonneneinfall und Höhe im Senkgarten entstehen unterschiedliche Mikroklimazonen, die denen einer Trockensteinmauer ähneln. Dort leben auch ähnliche Pflanzen und Tiere. Zudem können wärmebedürftige Pflanzen und Raritäten hier ganzjährig gezogen werden. Mehr über historische Senkgärten und was beim Bau eines Senkgartens zu beachten ist, lesen Sie ab Seite 130.

Ein Kraterbeet anlegen

Zunächst braucht man den optimalen Standort. Schauen Sie sich in Ihrem Garten um und suchen Sie eine Ecke, wo ein Kraterbeet nicht nur Platz hat, sondern auch mikroklimatisch von Nutzen ist. Etwa ein schon sonniger und damit wärmerer Bereich im Garten, wo Sie nun auch mit Melonen experimentieren können, unterstützt durch eine Trockensteinmauer als Sonnenfalle. Oder ein recht zugiger, aber dennoch sonniger Bereich, der durch eine zusätzliche Windschutzhecke geschützt und somit für den Gemüseanbau erschlossen werden kann. Oder Sie sind Salatliebhaber und nutzen den kühlenden Effekt der Senke für den Sommeranbau von Salat und Spinat.

Fügen Sie das Kraterbeet harmonisch als rundes Gesamtkonzept in den Garten ein, zum Beispiel mit einer Trockenmauer, auf der Mittelmeerkräuter passend zum mediterranen Gemüse gedeihen und die mit ihren Blüten Nützlinge anlocken. Oder Sie pflanzen eine Beerenobsthecke als Windfang in Hauptwindrichtung und können im Sommer süße Früchtchen naschen. Losgelöst von einer solchen einbindenden Gestaltung könnte die »Grube« sonst wie ein Fremdkörper wirken.

Gut ist ein Standort in einer natürlichen Senke, die für das Kraterbeet nur noch erweitert wird. Bedingt geeignet sind schwere, tonige Böden, da sie zu Staunässe neigen. Ob der Boden in Ihrem Garten schwer oder leicht ist und welche Nährstoffe er enthält, können Sie anhand der beiden einfachen Testmöglichkeiten im folgenden Abschnitt herausfinden. Die meisten Gartenböden sind schon sehr gut mit Humus und Nährstoffen versorgt, sodass sie sich für den Gemüseanbau eignen, das gilt auch für ehemalige Rasenflächen.

Welchen Boden habe ich?

Ihrem Boden können Sie sich auf mehrere Weisen nähern.

Die erste Methode ist, ihn genau zu betrachten und zu erfühlen: Mithilfe der Fingerprobe können Sie schon erste Rückschlüsse über die Qualität des vorhandenen Bodens ziehen. Ist er leicht oder schwer, sandig oder lehmig, humusreich oder humusarm? Mit dieser Information können Sie gut weiterarbeiten. Manchmal sind Bodenverbesserungsmaßnahmen in den kommenden Jahren notwendig, um das Beste aus dem Boden herauszuholen, ohne ihn dabei jedoch zu stark zu verändern. Wichtig ist es, mit den Gegebenheiten zu arbeiten und nicht gegen sie. Deshalb sollten Sie genau über Ihren Gartenboden Bescheid wissen.

Die zweite Methode ist, den Boden chemisch in einem Labor analysieren zu lassen. Diese Untersuchung geht viel tiefer, als es die Fingerprobe tut. In einem Bodenuntersuchungslabor werden Humusgehalt, pH-Wert und der Gehalt an Hauptnährstoffen und Spurenelementen bestimmt. Zudem gibt das Labor eine Einschätzung zur Bodenart.

Zeigerpflanzen

Einige Wildkräuter helfen uns, Bodenart, Stickstoffgehalt oder Bodenzustand zu bestimmen. Denn sie haben eine Vorliebe für bestimmte Bodeneigenschaften, sodass sie bevorzugt dort wachsen. Man nennt sie daher auch Zeigerpflanzen. Sie geben einen ersten Hinweis auf die Bodeneigenschaften. Die Fingerprobe oder Bodenanalyse ersetzen sie jedoch nicht. Klassische Unkräuter, die uns im Gemüsebeet das Leben schwer machen, zeigen einen humusreichen und gut gedüngten Boden an, können also auch – mit einem Augenzwinkern – als Auszeichnung für gutes Gärtnern verstanden werden.

Zeigerpflanzen, die etwas über die **Bodenart** verraten:

- Acker-Gänsedistel *(Sonchus arvensis):* Lehmboden
- Acker-Hahnenfuß *(Ranunculus arvensis)*: Lehmboden
- Acker-Krummhals *(Anchusa arvensis):* warmer Sandboden
- Gewöhnliche Braunelle *(Prunella vulgaris):* nährstoffreicher Lehmboden und Tonboden
- Großblütige Königskerze *(Verbascum densiflorum):* Sandboden
- Löwenzahn *(Taraxacum officinale):* Lehmboden
- Wegwarte *(Cichorium intybus):* Lehmboden, kalkreicher Boden

Zeigerpflanzen, die etwas über den **Nährstoffgehalt** allgemein und den **Stickstoffgehalt** im Besonderen erzählen:

- Franzosenkraut oder Kleinblütiges Knopfkraut *(Galinsoga parviflora):* stickstoffreich
- Giersch *(Aegopodium podagraria):* stickstoffreich
- Große Brennnessel *(Urtica dioica):* nährstoffreich, humos
- Schöllkraut *(Chelidonium majus):* stickstoffreich
- Schwarzer Nachtschatten *(Solanum nigrum):* stickstoffreich
- Stumpfblättriger Ampfer *(Rumex obtusifolius):* stickstoffreich
- Vogelmiere *(Stellaria media):* stickstoffreich, humusreich
- Weg-Malve *(Malva neglecta):* stickstoffreich
- Wilde Möhre *(Daucus carota):* stickstoffarm

Zeigerpflanzen, die etwas über den allgemeinen **Bodenzustand** aussagen:

- Acker-Schachtelhalm *(Equisetum arvense):*
feuchter, oft verdichteter Boden
- Breit-Wegerich *(Plantago major):*
schwerer, verdichteter Boden
- Gewöhnliche Hühnerhirse *(Echinochloa crus-galli):*
kalkarmer Boden, niedriger pH-Wert
- Kriechender Hahnenfuß *(Ranunculus repens):*
feuchter, schwerer Boden
- Stumpfblättriger Ampfer *(Rumex obtusifolius):*
feuchter, verdichteter Boden
- Wegwarte *(Cichorium intybus):*
kalkreicher Boden, hoher pH-Wert
- Wilde Möhre *(Daucus carota):*
trockener Boden, eher hoher pH-Wert

Den Boden erfühlen: die Fingerprobe

Boden besteht aus organischen und anorganischen Anteilen. Der anorganische Anteil setzt sich aus verschieden großen Teilchen zusammen. Je nach Korngrößenzusammensetzung der anorganischen mineralischen Bodensubstanz unterscheidet man vier Hauptbodenarten: Sand, Schluff, Ton und Lehm. Sand enthält grobe Körner, Ton dagegen sehr feine Körner.

Mit der Fingerprobe können Sie schnell einschätzen, welche Bodenart im Garten oder an der Stelle, wo das Beet entstehen soll, vorliegt. Je weniger gut eine Bodenprobe formbar ist, desto mehr Sand ist enthalten, desto leichter bearbeitbar ist der Boden, desto weniger Wasser und Nährstoffe speichert er aber auch. Schwarze Anteile deuten auf Humus hin. Liegt ein Gemisch aus überwiegend zwei Korngrößen vor, unterscheidet man aufgrund der dominierenden Fraktion zum Beispiel sandigen Schluff oder lehmigen Sand. Schluff kommt in seiner reinen Form als Bodenart selten vor.

So geht die Fingerprobe

1. Nehmen Sie von feuchtem, nicht zu nassem Boden eine walnussgroße Probe ab. Ist der Boden zu trocken, feuchten Sie die Probe in einer Schüssel mit etwas Wasser an. Versuchen Sie zwischen den Handflächen eine Kugel zu formen. Ist es nicht möglich, handelt es sich um **Sand.**
2. Rollen Sie zwischen den Handflächen aus der Kugel eine Walze von etwa Bleistiftstärke. Ist die Kugel nicht ausrollbar oder zerbröselt die Walze, ist es **lehmiger Sand.** Können Sie die Kugel zur Walze rollen und ist diese nicht oder nur schwach rissig, handelt es sich um Lehm oder Ton.
3. Um herauszufinden, ob es Lehm oder Ton ist, wird ein wenig der Probe zwischen Daumen und Zeigefinger zerrieben. Geben Sie gegebenenfalls etwas Wasser dazu. Jetzt können Sie die Körnigkeit beurteilen: Ist die Probe seifig schmierig ohne körnig rauen Anteil, handelt es sich um **Ton.** Ist der körnig raue Anteil deutlich spürbar, ist es Lehm.
4. Nun wird noch der Lehm näher kategorisiert: Fühlt sich die Probe relativ klebrig an, haftet das Material an den Handflächen und ist die Oberfläche nur schwach rau und glänzend, dann ist der **Lehm tonig.**
5. Überwiegt dagegen der Sandanteil und klebt die Probe nur schwach an den Handflächen, dann handelt es sich um **sandigen Lehm.**

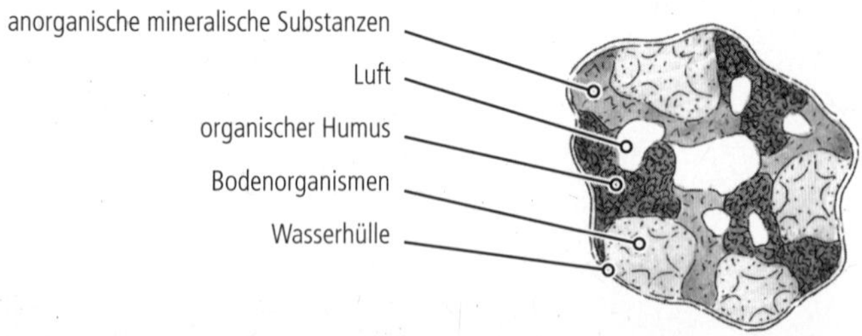

Fruchtbare Erde hat eine Krümelstruktur. Die Krümel sind 0,2 – 1 mm groß und mit einer dünnen Wasserhülle umgeben. Im Krümel verbinden sich anorganische, mineralische Substanzen und organischer Humus mit gasförmiger Luft und lebenden Bodenorganismen, hauptsächlich Bakterien und Algen.

Was bedeutet das für den weiteren Verlauf?

Wenn Sie wissen, welche Bodenart Sie haben, können Sie Aussagen über Bodenfruchtbarkeit, Wasserspeicherkapazität und Porenvolumen treffen. Daraus können Sie dann für Ihren Standort Bodenverbesserungsmaßnahmen ableiten (siehe auch ab Seite 109).

Sandige Böden sind eher trocken und nährstoffarm, weniger fruchtbar. Dank des hohen Porenvolumens ist der Boden sehr gut durchlüftet. Der Boden erwärmt sich im Frühjahr schnell. Das Wasser fließt zwar schnell ab – Staunässegefahr besteht selten –, dafür kann er jedoch nur wenig Wasser speichern und neigt dazu, auszutrocknen. Der Humusanteil kann hoch sein. Sandböden sind leicht bearbeitbar und können gut durchwurzelt werden, bestens geeignet für Wurzelgemüse und anspruchslose Arten.
▸ *Bodenverbesserung* durch Bewässerung, Kalkung und Humuseintrag.

Sandiger Lehm hat einen höheren Schluffanteil als Sand. Dadurch kann er Wasser und Nährstoffe besser speichern als Sand. Dank des hohen Sandanteils ist er gut durchlüftet.
▸ *Bodenverbesserung* durch Kalkung und Humuszufuhr.

Tonböden haben meist einen hohen Nährstoffgehalt und können sehr gut Wasser speichern, das jedoch nur bedingt für die Pflanzen verfügbar ist. Sie neigen zu Staunässe und Oberflächenverkrustung. Im Frühjahr bleiben sie lange kalt. Tonböden sind schwer bearbeitbar und können schlecht durchwurzelt werden. Meist sind es Wiesen oder Weiden.
▸ *Bodenverbesserung* durch Entwässerung (Dränage), Lockerung, Kalkung und Humuszufuhr.

Lehmboden ist ein Gemisch aus Sand, Schluff und Lehm. Die dominierende Kornfraktion bestimmt die Merkmale, alle Fraktionen haben einen deutlich prägenden Effekt. Lehmböden haben eine gute Wasserführung und ein hohes Wasserhaltevermögen. Sie sind gut durchlüftet, nährstoffreich, lassen sich gut bearbeiten und können gut durchwurzelt werden. Sie sind der beste Standort für die meisten Kulturen.
▸ *Bodenverbesserung* dient hier nur dem Erhalt.

Den Boden testen: die Analyse

Verschiedene Analyseverfahren entlocken dem Boden seine Geheimnisse über Nährstoffgehalt und pH-Wert. Einige davon kann man selbst durchführen, andere überlässt man besser den Profis mit gut ausgestatteten Laboren.

Die Bodensäure können Sie selbst mit einem pH-Test-Set messen. Das gibt es im Gartenfachhandel oder in Apotheken. Mit dem Testergebnis werden Bodenverbesserungsmaßnahmen wie Kalken vorgeschlagen, um einen für Gemüsekulturen optimalen pH-Wert zwischen 6 und 7 zu erreichen.

Andere Schnelltests zur Analyse von Stickstoff, Phosphor und Kalium geben zwar einen ersten Eindruck, sind aber noch zu ungenau, um daraus Düngeempfehlungen abzuleiten. Da ist es besser, den Boden in einem Labor untersuchen zu lassen. Neben den Untersuchungsergebnissen erhält man immer eine Bestimmung der Bodenart und Düngeempfehlungen. Bodenanalysen können jederzeit während der Gartensaison beauftragt werden, am besten aber im Spätherbst. Die Bodenproben werden pro Nutzungsbereich entnommen, zum Beispiel für Gemüsegarten, Beerenobst, Staudenbeet und Rasen.

► **Gut zu wissen:** Leichter oder schwerer Boden?

Die Zuordnung, ob ein Boden leicht oder schwer ist, richtet sich nach seiner Bearbeitbarkeit. Je gröber die Kornfraktionen im Boden sind, desto mehr Sand ist enthalten und desto leichter lässt sich der Boden bearbeiten.

- *Leichter Boden*: Sand und lehmiger Sand (Sand mit lehmigen Anteilen) sind leicht bearbeitbar, lassen sich nicht oder kaum von Hand formen und fühlen sich körnig an.
- *Mittelschwerer Boden*: Sandiger Lehm und Lehm lassen sich im feuchten Zustand mit der Hand kneten und formen.
- *Schwerer Boden*: Lehmiger Ton und Ton sind in feuchtem Zustand sehr gut mit der Hand formbar und beschmutzen dabei die Hände. ■

So werden Bodenproben für die Bodenanalyse entnommen

Mit einem Spaten wird an der Probenstelle zunächst ein Spatenstich Erde herausgehoben. Diese erste Probe wird verworfen. An der möglichst glatten Einstichstelle wird eine 2 Zentimeter dicke Scheibe Erde spatentief abgestochen und herausgenommen, aber noch auf dem Spatenblatt belassen. Davon wird nun mit einer Handschaufel ein 3 bis 4 Zentimeter breiter, etwa 25 Zentimeter langer Streifen abgenommen und in einen Eimer gegeben. So verfährt man weiter zehn bis 15 Mal im ausgewählten Gartenbereich (zum Beispiel im Gemüsegarten).

Die Proben werden gut vermischt und etwa 500 Gramm von dieser Mischung in einen Gefrierbeutel gefüllt. Der Beutel wird gut verschlossen. Notieren Sie auf dem Etikett Ihre Adresse, Nutzungsart des Bodens (zum Beispiel Gemüsegarten) und die gewünschte Untersuchung (zum Beispiel »Standard«).

Legen Sie dem Paket mit der Bodenprobe (am besten ist eine Luftpolstertasche geeignet) auch einen formlosen Untersuchungsauftrag oder ein Formular des Bodenlabors (meist als Download verfügbar) bei, in dem dieselben Angaben wiederholt werden. Für die Düngeempfehlung ist es außerdem wichtig, dass Sie angeben, ob Sie im letzten Jahr Kompost oder einen anderen Dünger gegeben haben oder nicht. Einen Hinweis zum Ausfindigmachen von Bodenuntersuchungslaboren finden Sie auf Seite 139.

Bauanleitung für ein Kraterbeet

Wie groß soll das Kraterbeet werden?

Ein Kraterbeet sollte mindestens 2 Meter Durchmesser haben, besser sind 3 oder 4 Meter. Dann haben Sie mehr Platz für Gemüse und die Hänge können flacher auslaufen. Um sich über die Dimensionen klar zu werden, können Sie ein langes Seil oder einen Gartenschlauch kreisförmig in der gewünschten Größe auslegen.

Das Rundbeet markieren

Wenn Sie sich über den Durchmesser Ihres Beetes im Klaren sind, können Sie den Kreis nun genau anzeichnen. Aus zwei stabilen, kurzen Holzstöcken und einem Seil können Sie einen großen Zirkel basteln. Für 3 Meter Durchmesser sollte das Seil zwischen den beiden Holzstöcken 1,5 Meter (das ist der Radius) messen. Rammen Sie einen Holzstock ins zukünftige Zentrum des Beets und befestigen Sie das Seil am Pflock. Das andere Ende des Seils wird an einem ebenfalls zugespitzten Holzpflock befestigt. Nun können Sie – wie früher in der Schule – mit gespannter Schnur einen Kreis auf den Boden zeichnen. Damit er deutlicher zutage tritt, können Sie ihn mit hellem Sand nachstreuen oder mit einem Seil oder Gartenschlauch nachlegen.

Checkliste: Das brauchen Sie für ein Kraterbeet

- zwei stabile, kurze Holzstöcke und Seil zum Abmessen (mindestens 1,7 Meter lang für ein Kraterbeet mit 3 Meter Durchmesser)
- Schlauch, Seil oder Sand zum Markieren des Kraterbeetrandes
- Werkzeug: Spaten, Grabegabel, Sauzahn oder Kultivator, Hacke, Harke
- Kompost und Gartenerde
- größere Basaltsteine oder andere Natursteine als Wärmespeicher und eventuell Trittsteine

Das Rundbeet markieren.

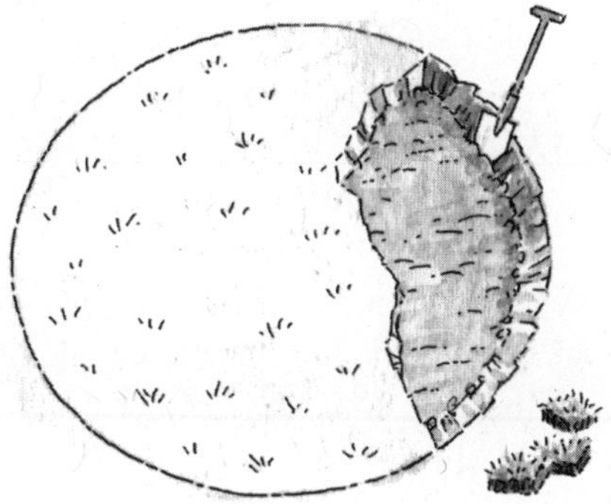

Grassoden entfernen und die Mulde ausheben. Boden in der Mulde lockern und verbessern.

Grasnarbe entfernen und Mulde ausheben

Am Rand des Kreises beginnend, stechen Sie die Grasnarbe mit einem Spaten ab. Heben Sie die Rasensoden vorsichtig ab und legen Sie sie beiseite. Sammeln Sie bei der Gelegenheit gleich Bodenschädlinge wie Drahtwürmer und die Larven von Gartenlaubkäfern und Wiesenschnaken ab (siehe auch Seite 49). Heben Sie die Erde etwa 20 Zentimeter tief aus und lagern Sie sie neben dem Kraterbeet.

Tipp Die Rasensoden können Sie für den Bau eines Hügelbeetes oder eines Hochbeets verwenden oder auf den Kompost bringen.

Boden lockern und mit Kompost vermischen

Lockern Sie den Boden in der Mulde gut mit einer Grabegabel. Mischen Sie die ausgehobene Erde mit Kompost, etwa im Verhältnis 1:1, und schaufeln Sie die Mischung wieder ins Beet zurück, dabei schon an die spätere Kraterform denken und die meiste Erde am Rand verteilen. Die Schichthöhe in der Kratermulde beträgt dann 10 bis 15 Zentimeter. Dort stehen den Pflanzen genauso viele Nährstoffe zur Verfügung wie am Rand. Starkzehrer bekommen bei der Bodenvorbereitung und im Sommer generell noch Extra-Rationen an Dünger.

Was tun bei tonigem, schwerem Boden?

Auf Tonboden kann Wasser nicht so schnell versickern. Es besteht die Gefahr, dass sich das Wasser nach andauernden Regenfällen an der tiefsten Stelle sammelt und ein kleiner Teich entsteht. Graben Sie dann die Mulde etwas tiefer aus und bringen Sie eine Dränageschicht aus Kies aus, bevor Sie das Erde-Kompost-Gemisch einfüllen. So kann das Wasser besser ablaufen. Grundsätzlich stellt sich jedoch die Frage, ob Sie auf tonigem Boden nicht doch besser ein Hügelbeet bauen (siehe Seite 32). Mit der Fingerprobe ab Seite 39 können Sie testen, ob Sie tonigen Boden im Garten haben.

Krater formen und Steine verteilen

Ziehen Sie das Erde-Kompost-Gemisch so an den Rand des Beetes, dass die Mitte 15 bis 20 Zentimeter unter dem Gartenniveau liegt. Der Wall sollte 20 bis 30 Zentimeter höher als das Gartenniveau sein. Vom Rand aus wird der Wall nachgeformt: Er sollte flach auslaufen und nicht zu steil sein. Legen Sie wärmespeichernde Steine ins Zentrum.

Tipp Bei Beeten mit einem Durchmesser von mehr als 3 Metern können Sie die Pflege nicht mehr vom Rand aus durchführen. Legen Sie dann einen Weg aus Trittsteinen, der vom Rand ins Zentrum führt.

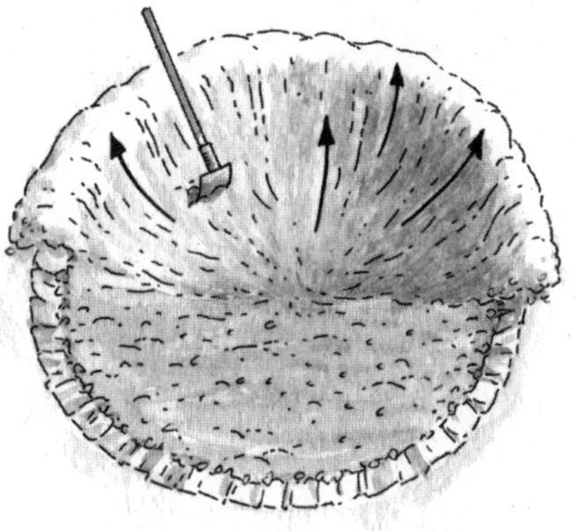

Den Wall formen. Erde aus dem Zentrum an den Rand ziehen.

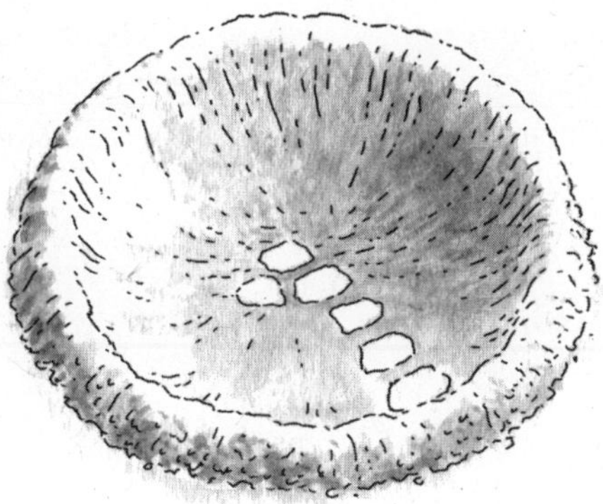

Steine ins Kraterbeet legen.

Gemüse pflanzen

Lassen Sie die Erde vor dem Pflanzen noch eine Woche sacken und formen Sie dann eventuell den Wall noch einmal nach. Ist zu viel Erde in den Krater gerieselt, war der Hang womöglich zu steil. Im nächsten Kapitel werden beispielhaft drei Pflanzpläne vorgestellt, die Sie als Vorlage für Ihren Kratergarten verwenden können. Abwandlungen sind erwünscht. Sie können die Pflanzen auch so auswählen, wie Sie es für ein flaches Gemüsebeet machen würden.

Zu guter Letzt ein schöner Rahmen

Der Kraterwall kann von außen mit verschiedenen Materialien eingefasst werden. Das befestigt den Wall zusätzlich und verhindert, dass Rasen ins Beet hineinwächst. Nachteil ist, dass die Außenhänge dann nicht mehr in ihrer Gänze bepflanzt werden können. Damit das Kraterbeet harmonisch in den Garten eingebunden wird, sollten Sie auf ähnliche Materialien setzen, die Sie bereits im Garten verwenden.

- **Steine:** Verwenden Sie regionale Natursteine, wie Sie auch im Beet oder in einer angrenzenden Trockenmauer verwendet wurden. Klinker, Betonsteine oder andere recycelte Steine eignen sich auch.
- **Weidengeflecht** oder **Haselrutengeflecht:** Es gibt fertige Flecht-Elemente im Handel. Ein Weidenzäunchen kann man auch selbst bauen und den örtlichen Gegebenheiten anpassen. Dazu benötigen Sie biegbare Weiden- oder Haselruten und etwa 30 Zentimeter lange Pflöcke aus Hasel oder Kastanie. Diese Pflöcke werden etwa alle 50 Zentimeter so in den Boden gerammt, dass noch 15 bis 20 Zentimeter herausschauen. Um diese Pflöcke werden die Ruten abwechseln geflochten.

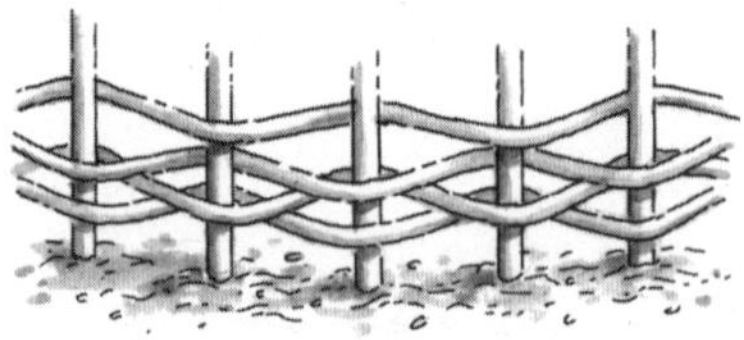

Mehrere Kraterbeete anlegen

Sie können mehrere Kraterbeete nebeneinander anlegen und sie wie flache Gemüsebeete behandeln und in eine Fruchtfolge einbeziehen. Planen Sie die Wege zwischen den Beeten mit 60 bis 80 Zentimeter so breit, dass Sie mit einer Schubkarre gut zwischen zwei Beeten hindurchfahren können. Runde Beete nehmen aufgrund ihrer durch den Durchmesser vorgegebenen Größe jedoch mehr Platz in Anspruch als rechteckige Beete, die den örtlichen Gegebenheiten mit variablen Seitenlängen besser angepasst werden können.

Probleme auf umgebrochenem Rasen

Legt man Gemüsebeete auf Rasen- oder Wiesenflächen an, kann es in den ersten Jahren zu besonders auffälligen Schäden am Gemüse kommen. Einige Insekten legen ihre Eier bevorzugt in Rasenflächen ab, etwa Schnellkäfer, Gartenlaubkäfer und Schnaken. Deren Larven leben eigentlich an den Wurzeln der Gräser. Die ungewohnt reichhaltige Kost durch Gemüseknollen und -wurzeln verschmähen sie aber auch nicht. So zeigen sich Fraßgänge in Kartoffeln, Möhren und anderem Wurzelgemüse, aber auch plötzlich welkende Salat- und Kohlsetzlinge, deren zarte Wurzeln zernagt wurden. Die Larven der Schnellkäfer, die Drahtwürmer, verbringen bis zu fünf Jahre im Boden und nur das letzte Stadium ernährt sich von Pflanzen. So können noch in den kommenden fünf Jahren Schäden durch Drahtwürmer auftreten. Sammeln Sie darum vor allem auf Rasenflächen alle Raupen gründlich ab. Machen Drahtwürmer trotz aller Sorgfalt Probleme, können halbierte, mit den Schnittseiten nach unten gelegte Kartoffeln als Köder ausgelegt werden. Das Absammeln nicht vergessen!

Mäuse und Maulwürfe legen gern ihre Gänge unter den »ruhigen«, selten bearbeiteten Rasenflächen an. Maulwürfe werden den nun nicht mehr ungestörten Bereich meiden, Mäuse jedoch nicht. Sie sind Pflanzenfresser und freuen sich über Möhren und Co. Finden Sie hochovale Gänge beim Anlegen des Kraterbeetes, forschen Sie den Gängen mit einem dünnen Stab nach und machen Sie eine Verwühlprobe, um sicherzugehen, dass eine Wühlmaus dafür verantwortlich ist. Graben Sie den Gang hierfür an mehreren Stellen 20 bis 30 Zentimeter weit auf. Markieren Sie die Stellen am besten mit einem Stab, damit Sie sie gut wiederfinden. Wühlmäuse verschließen geöffnete Gänge innerhalb weniger Stunden wieder fest mit Erde. Von außen ist dann kaum noch etwas zu sehen. Maulwürfe sind da viel langsamer und schließen den Gang erst nach einigen Tagen und dann auch nur sehr locker. Ist die Gangbauerin zweifelsfrei eine Wühlmaus, sollten Sie Fallen in den Gängen platzieren.

Das Kraterbeet bepflanzen

Ein kreisrundes Beet kann man ganz ähnlich erschließen wie ein rechteckiges Beet. Sie können das Gemüse in Reihen oder Tuffs setzen – ganz wie Sie mögen. Die Reihen werden dann entweder in konzentrischen Ringen um den Mittelpunkt angeordnet oder laufen strahlenförmig auf ihn zu. Oder Sie unterteilen das Beet mit gedachten Linien in keilförmige Abschnitte, in denen die Gemüse in Tuffs stehen. In einem Beet mit mindestens 4 Meter Durchmesser können Sie in den Keilen Reihen anlegen, die auf konzentrischen Kreisen liegen – also eine Kombination aus Ringen und Keilen. Ich empfehle, im Zentrum des Beetes einen Kreis mit mindestens 1 Meter Durchmesser abzustecken, in den die Hauptkultur gesetzt wird. In einem Viermeterkreis kann der innere Kreis auch gut 2 Meter messen.

Hauptkulturen für den zentralen Kreis sind vor allem die wärmebedürftigen Gemüsearten wie Kürbisgewächse und Nachtschattengewächse, die erst ab Mitte Mai gepflanzt werden, dann aber bis zum Herbst im Beet stehen bleiben. Die anderen Gemüse gesellen sich um sie herum. Berücksichtigen Sie bei der Auswahl die Standortansprüche der Gemüsearten: zum Beispiel Temperatur, Lichtmenge und Bodenfeuchte. Arten, die mehr Feuchtigkeit benötigen, werden eher ins Zentrum gerückt. Die lockere Erde auf und am Wall mögen Wurzelgemüse sehr gern. Fruchtgemüse, das mehr Licht benötigt, wird eher in die südliche Hälfte in die Nähe des zentralen Kreises gesetzt. Denn der Wall selbst wirft auch Schatten. Deshalb können Blattgemüse und Wurzelgemüse, die auch mit weniger Licht auskommen, an den Fuß des Walls oder in den Hang gepflanzt werden. Auf dem nördlichen Wall und in den äußeren Reihen auf der Innenseite des Walls ist ein guter Platz für hohe Gemüse wie Stangenbohnen oder Mais, die anderenfalls Schatten auf das Beet werfen würden. Sie übernehmen dann die Funktion eines Windfangs oder einer Sonnenfalle (mehr dazu siehe Seite 128). Hohe Kräuter wie Borretsch, Dill und Fenchel werden ebenfalls an den

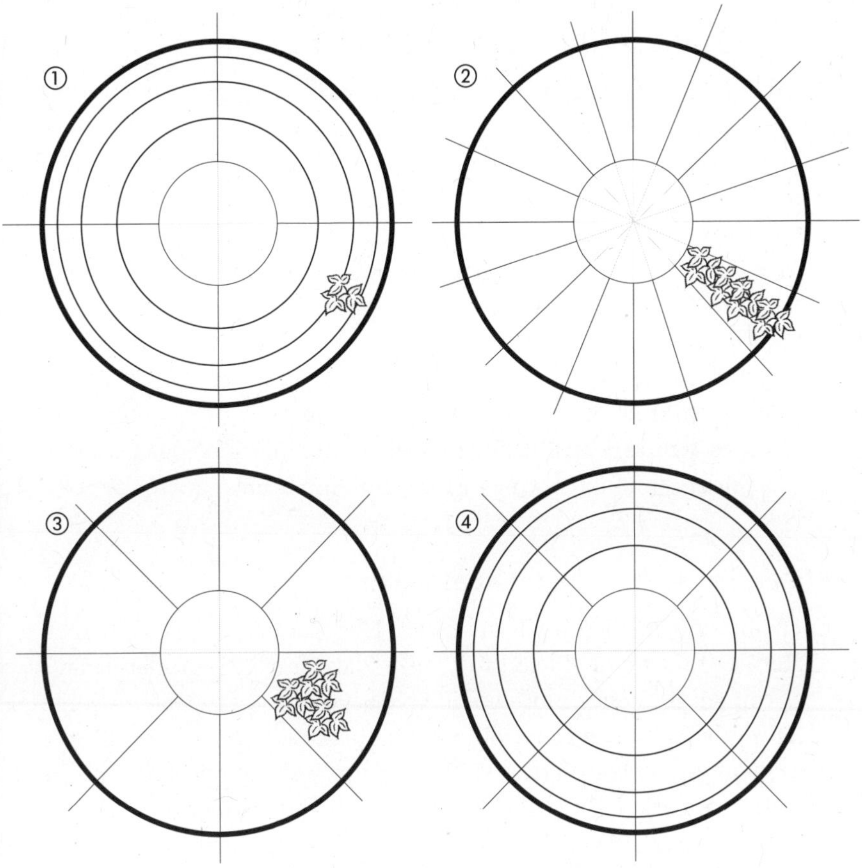

Es gibt verschiedene Möglichkeiten, das Kraterbeet für die Bepflanzung zu erschließen:
(1) mit Reihen in konzentrischen Ringen
(2) mit strahlenförmigen Reihen, die auf das Zentrum zulaufen
(3) mit keilförmigen Abschnitten mit Gemüsetuffs
(4) mit einer Kombination aus Reihen in konzentrischen Ringen und keilförmigen Abschnitten

nördlichen Rand – außen oder auch auf den Wall – gesetzt, da sie den Kraterbewohnern anderenfalls zu viel Licht stibitzen würden. Auf dem trockeneren, südlichen Wall können Wildtomaten wuchern, einjährige Kräuter, Ringelblumen, Kapuzinerkresse und andere niedrige Kräuter mit essbaren Blüten wachsen oder auch mehrjährige mediterrane Kräuter angebaut werden (siehe auch Seite 127).

Drei Pflanzpläne fürs Kraterbeet

Auf den folgenden Seiten stelle ich Ihnen drei Möglichkeiten vor, wie Sie Ihr Kraterbeet bepflanzen können. Ich habe mich bei der Beeteinteilung für eine Kombination aus keilförmigen Abschnitten und Reihen auf konzentrischen Ringen entschieden. Im Zentrum steht jeweils die wärmebedürftige Hauptkultur, deren Pflanzenanzahl vom Durchmesser des Kraterbeetes abhängt. Anbauhinweise und Sortenempfehlungen für die einzelnen Gemüsearten gibt es am Ende des Kapitels. Ich bin von zwei Grundgrößen ausgegangen:

- **Kleines Kraterbeet** mit einem Außendurchmesser von 3 Metern und einem Innenkreis von 1 Meter Durchmesser.
- **Großes Kraterbeet** mit einem Außendurchmesser von 4 Metern und einem Innenkreis von 2 Meter Durchmesser.

Pflanzplan 1: Zucchini und Basilikum

Zucchini sind in dieser Variante die Hauptkultur. In einem kleinen Kraterbeet findet eine Zucchini-Pflanze Platz. In einem großen Kraterbeet können drei Zucchini – in einem Abstand von je 1 Meter – eingeplant werden. In deren Nähe gibt es auch fürs Basilikum ein geschütztes Plätzchen. Im nördlichen Sektor wird ein Viertelkreis mit Zuckermais bepflanzt. Die Pflanzen stehen recht dicht beieinander (Abstand je 20 Zentimeter). Wichtig ist, dass der Mais in mindestens zwei Reihen steht, damit sich die Pflanzen gegenseitig bestäuben können. Auf dem Wall werden Stangensellerie und Salat gepflanzt und Möhren und Radieschen gesät. Am inneren Hang des Beetes finden Porree, Salat und Radieschen Platz.

März und April

Im zeitigen Frühjahr, bei frostfreiem Wetter ab März, wird auf der gesamten Fläche Spinat als Vorkultur gesät. In die Erntelücken sät man ab April Möhren und Radieschen und setzt junge Salatpflanzen. Diese können ab März im Frühbeet oder Gewächshaus vorgezogen werden. Salat und Radieschen können alle drei bis vier Wochen neu gesät oder nachgepflanzt werden, um bis zum Herbst ernten zu können. Nicht

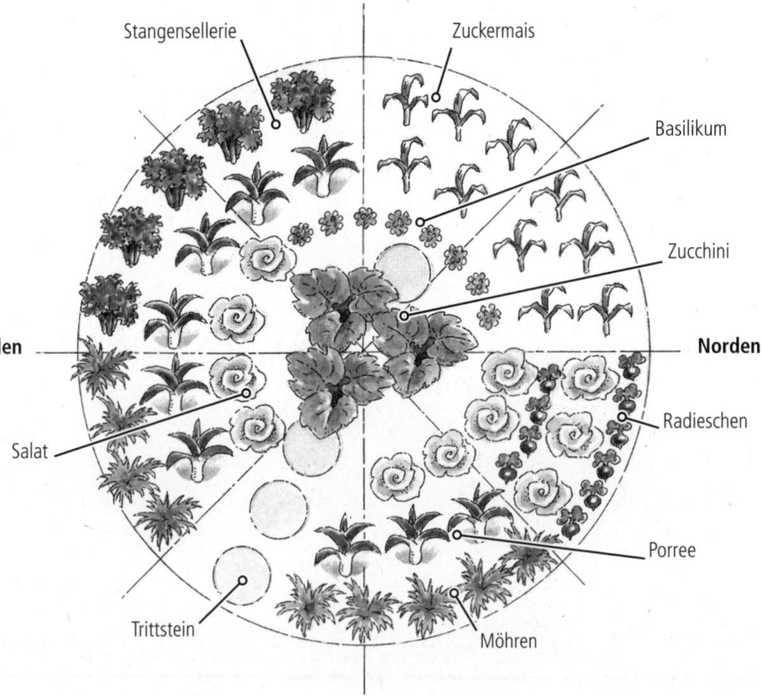

Pflanzplan 1: Zucchini und Basilikum als Hauptkulturen

geernteter Spinat kann als Gründüngung in das Beet eingearbeitet werden oder als Mulch liegen bleiben.

Tipp Salat nicht in den Hang säen, sondern nur pflanzen. Die feinen Samen werden sonst leicht ausgespült.

Mai und Juni

Die Hauptpflanzzeit beginnt im Mai, wenn keine Spätfröste mehr zu erwarten sind. Maisjungpflanzen, die ab April an geschützter Stelle vorgezogen wurden, werden jetzt gesetzt. Bei Spätfrostgefahr werden sie mit Vlies abgedeckt. Porree und Sellerie werden ebenfalls als Jungpflanzen gesetzt. Mitte bis Ende Mai können die Zucchini ins Zentrum gepflanzt werden. Basilikumpflanzen folgen Mitte Juni.

Ab Juli

Möhren und Salate hinterlassen im Sommer abgeerntete Reihen. Dort können als Nachkulturen ab Juli Knollenfenchel und Endivien gepflanzt werden. Als Wintereinsaat ab August, spätestens jedoch im September, eignen sich Spinat und Feldsalat.

Pflege

Im Frühling jätet man Unkraut und mulcht die Zwischenräume. Das hält die Feuchtigkeit im Boden und unterdrückt erneuten Unkrautwuchs. Die Mulchdecke vom Winter sollte rechtzeitig abgenommen werden, damit sich die Erde schneller erwärmt. Die Jungpflanzen werden vorsichtig angegossen und auch weiterhin gegossen, bis sie angewachsen sind. Zucchinifrüchte sollten regelmäßig geerntet werden. Dann bilden sich immer wieder neue Blüten und damit Früchte. Während des Sommers düngt man Zucchini und Zuckermais noch zweimal (siehe Seite 85 und Seite 86). Während lang anhaltender Sommertrockenheit wird zusätzlich bewässert. Zucchini leiden im Sommer unter Echtem Mehltau, darum sollten kranke Blätter beizeiten entfernt und die Pflanzen mit Ackerschachtelhalm gestärkt werden (siehe Seite 105). Der Porree wird mehrmals angehäufelt, damit sich ein gebleichter weißer Schaft entwickelt.

Varianten

Anstelle der Zucchini können Gurken oder Melonen ins Zentrum gesetzt werden: im kleinen Kraterbeet drei Gurken, im großen Kraterbeet sechs bis acht Gurkenpflanzen im Abstand von je 50 bis 60 Zentimetern. Melonen werden im gleichen Abstand gepflanzt wie die Zucchini. Kürbisse eignen sich weniger gut fürs Kraterbeetzentrum, denn sie wachsen sehr raumgreifend. Wenn dennoch unbedingt ein Kürbis gesetzt werden soll, dann eher eine kompakte Sorte, die für die Kultur in Kübeln empfohlen wird. Anstelle von Porree können auch Zwiebeln gesteckt werden.

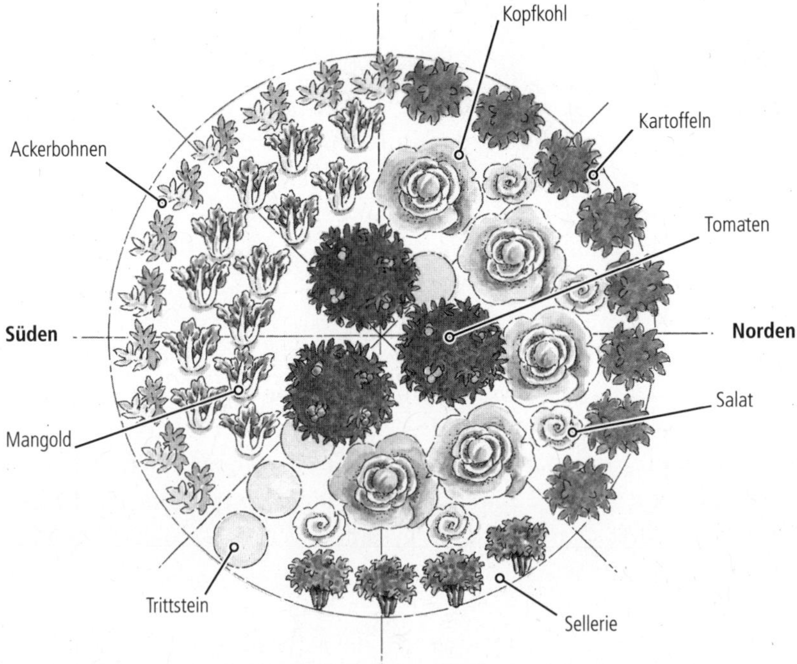

Pflanzplan 2: Tomaten als Hauptkultur

Pflanzplan 2: Tomaten

Die hohen Stabtomaten und die kompakten Buschtomaten sind gleichermaßen gut für diese Variante geeignet. Wichtig ist, dass sie tolerant gegenüber der Kraut- und Braunfäule sind. Die kriechenden robusten Wildtomaten gehören eher auf den südlichen Wall, wo sie auf dem sonnengewärmten Boden entlangwuchern können.

In einem kleinen Kraterbeet werden drei Stabtomaten mit einem Pflanzabstand von 60 Zentimetern zueinander gepflanzt. Der weite Abstand ist wichtig, damit sie nach einem Regenguss gut abtrocknen können und die Braunfäulegefahr reduziert ist. In einem großen Kraterbeet haben sechs Stabtomaten Platz. In diesem Fall sollten sie im Kreis gepflanzt werden, damit der Mittelpunkt für Pflegearbeiten frei bleibt. Auf den Wall werden Ackerbohnen, Kartoffeln und Sellerie gepflanzt. Im mittleren Bereich finden Mangold, Kopfkohl und Salat Platz. Als Nachkulturen kommen Grünkohl und Winter-Porree in Betracht, die wie der Mangold auch im Winter geerntet werden können.

Februar und März

Ab Ende Februar, wenn der Boden nicht mehr gefroren ist, können bereits die Ackerbohnen in den inneren südlichen Hang gesetzt werden. Dort ist die Erde locker und erwärmt sich schneller. Je früher die Ackerbohnen gesät werden, desto gesünder wachsen sie. Ab Mitte März werden Kohlrabi- und Salatjungpflanzen in den zentralen Kreis gesetzt. Radieschen und Pflücksalate werden vor die Ackerbohnen gesät.

April und Mai

Weißkohl oder Wirsing werden ab April als Jungpflanzen mit einem Abstand von 50 Zentimetern gesetzt. In ein kleines Kraterbeet passen etwa fünf Kohlpflanzen. Da jetzt zwischen ihnen noch genügend Platz ist, werden Kohlrabi und Salat in die Lücken gesetzt. Die beiden Gemüse werden spätestens dann geerntet, wenn die Kohlpflanzen die Reihen schließen.

Zwischen den Ackerbohnen auf dem Wall und dem Tomaten-Kreis werden zwei Reihen Mangold gesät oder gesetzt. Ab Mitte April kommen die Frühkartoffeln in den inneren nördlichen Hang, fast auf den Wall. So simuliert man eine Dammkultur in leicht erwärmter Erde. Setzen Sie die Kartoffeln 15 bis 20 Zentimeter tief.

Auf den östlichen Wall, zwischen Kartoffeln und Ackerbohnen, wird ab Mai Schnittsellerie oder Stangensellerie gepflanzt. Ab Mitte bis Ende Mai kommen die abgehärteten Tomatenpflanzen ins Zentrum des Kraterbeetes. Dabei werden sie tiefer gesetzt, als sie im Topf stehen: Die Erde sollte bis zum ersten Laubblattpaar reichen. So bilden die Tomaten zusätzliche Wurzeln, die sie den Sommer über mit Wasser und Nährstoffen versorgen.

Ab Juli

Auf die Kartoffeln folgt nach der Ernte im Juli Winter-Porree, der ab Mitte Mai im Frühbeet vorgezogen wurde. Sind die Ackerbohnen geerntet, werden vorgezogene Grünkohlpflanzen im Abstand von 50 Zentimetern gesetzt. An die Stelle der Kopfkohle wird im August und September Spinat oder Feldsalat gesät.

Pflege

Auch in diesem Fall wird im Frühling auflaufendes Unkraut entfernt. Damit die Setzlinge gut anwachsen, wird auf gleichmäßige Bodenfeuchte geachtet und bei Trockenheit gegossen. Ackerbohnen neigen zu Blattlausbefall, wenn sie zu spät gesät werden. Erste Blattlauskolonien, die Ende Mai auftreten, streift man einfach ab. Stark befallene Triebspitzen eventuell auskneifen. Die Bohnenstängel und -wurzeln bleiben nach der Ernte als Mulch im Beet. Wurden die Kartoffeln tief gesetzt, entfällt das regelmäßige Anhäufeln. Auf Befall mit Kartoffelkäfer und Kraut- und Braunfäule achten. Die Kopfkohle brauchen zusätzlich zur Startdüngung eine Gabe schnell wirkenden Flüssigdünger, zum Beispiel Pflanzenjauche, wenn sich die Köpfe herausbilden. Achten Sie auf Raupenfraß und decken Sie die Kohlpflanzen nach dem Pflanzen eventuell mit einem Kulturschutznetz ab.

Varianten

Anstelle der Tomaten können Andenbeeren *(Physalis peruviana)* oder Ananaskirschen *(Physalis pruinosa)* ins Zentrum gesetzt werden. Der Pflanzenabstand ist dann etwa 1 Meter. Die Kopfkohle können bunt gemischt werden: Weißkohl, Rotkohl und Wirsing bilden auf leichten Böden nur kleine Köpfe. Blumenkohl ist sehr anspruchsvoll. Für leichte Böden könnten Brokkoli oder Palmkohl als Alternative gewählt werden. Anstelle der Grünkohlsetzlinge können auch schnell wachsende Möhren- oder Rote-Bete-Sorten gesät oder Herbstsalat, Endivien oder Rosenkohl gepflanzt werden.

Tipp Frühe Sorten reifen schneller als späte Sorten, das »früh« und »spät« hat mit der Reifedauer und nicht mit der Aussaat zu tun. Darum können frühe Sorten auch spät im Jahr gesät werden, da sie dann noch beerntet werden können.

Pflanzplan 3: Paprika

Paprika brauchen noch mehr Wärme als Tomaten. Wenn nicht bereits im Beet vorhanden, sollten hier große Steine im Zentrum ausgelegt werden, um die Sonnenwärme zu speichern. In ein kleines Kraterbeet passen vier Paprikapflanzen jeweils im Abstand von 40 bis 50 Zentimetern zueinander, in ein großes Kraterbeet zwölf Pflanzen, wenn ein Zugang zum Mittelpunkt des Beetes für Pflegemaßnahmen offen gelassen wird. Auf dem Nordhang stehen Stangenbohnen als Sonnenfalle. An den Hängen wachsen Wurzelgemüse. Zuckererbsen, Salat, Radieschen, Kohlrabi und Lauchzwiebeln ergänzen das Sortiment. Grünkohl, Rosenkohl, Endivien, Spinat und Feldsalat sind geeignete Nachkulturen für die Herbst- und Winterernte.

März und April

Auf den Wall werden Möhren ab März und Rote Bete ab April gesät. In der Mulde und an den sanften Hang werden ab März Zuckererbsen, Salat, Radieschen, Kohlrabi und Lauchzwiebeln gesät beziehungsweise gepflanzt. Im Zentrum, wo später die Paprika stehen, kann Spinat ausgebracht werden.

Mai und Juni

Ab Mitte Mai, besser Ende Mai, wenn die letzten Spätfröste sicher vorüber sind, werden zwei bis fünf Stangenbohnensamen pro Stange auf den Nordhang gesät. Die Stangen werden in einem Abstand von 60 Zentimetern zueinander aufgestellt. Die Paprikapflanzen kommen Anfang Juni erst recht spät aufs Beet. Sie sollten vorher gut abgehärtet werden.

Ab Juli

Sobald die Zuckererbsen abgeerntet sind, werden ab Juli vorgezogene Wintergemüse gesetzt: Grünkohl, Rosenkohl, Endivien. Auf die frei werdenden Beetbereiche sät man ab August Spinat und Feldsalat. Schnellreifende, frühe Rote-Bete- und Möhrensorten können ebenso wie Salat und Radieschen noch bis August nachgesät werden.

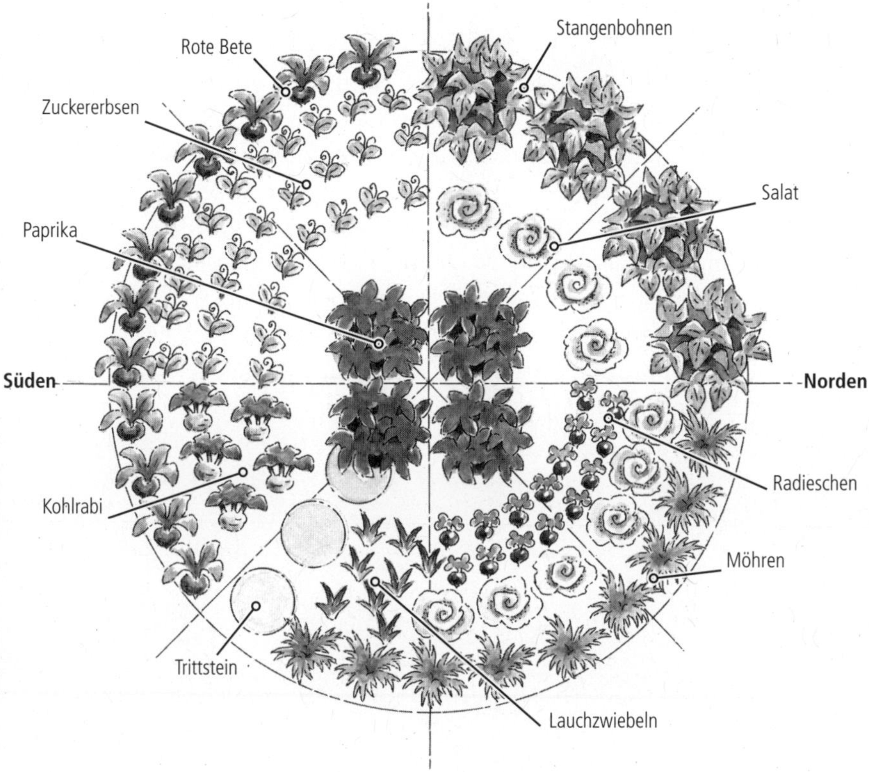

Pflanzplan 3: Paprika als Hauptkultur

Pflege

Für eine reiche Ernte wird bei den Paprikapflanzen die erste Blütenknospe entfernt. Die Stangenbohnen werden angehäufelt, wenn sie 20 Zentimeter hoch sind. Erbsen und Stangenbohnen reichern mit ihren Wurzeln das Kraterbeet mit Stickstoff an. Nach der Ernte sollten deren Wurzeln, aber auch gesundes Laub im Beet bleiben, damit der Stickstoff nachfolgenden Kulturen zur Verfügung steht.

Varianten

Anstelle der Paprika können ab Anfang Juni Chili-Pflanzen oder Auberginen gesetzt werden. In einem großen Kraterbeet ist auch genügend Platz für einen Mix der drei Gemüsearten. Die Erbsen können durch Buschbohnen ersetzt werden.

Fruchtfolgen

Wird dieselbe Gemüseart jedes Jahr an ein und derselben Stelle im Kraterbeet angebaut, entzieht das dem Boden einseitig Nährstoffe. Das kann ein paar Jahre gut gehen, ohne dass es zu spürbaren Ertragseinbußen kommt. Doch dann machen sich die Nachteile einer solchen monotonen Bepflanzung bemerkbar: Es kommt zu Mangelerscheinungen, meist bei Stickstoff, oder ungenutzte Nährstoffe wie Kalium und Phosphor sammeln sich an. Das wiederum führt zu mickrigen und krankheitsanfälligen Pflanzen. Zudem können sich wachstumshemmende Stoffe und wirtsspezifische Schaderreger ansammeln. In der Gesamtheit sinkt der Ertrag und die Freude am Gemüseanbau lässt nach.

Familienbande

Dem kann man mit einer rotierenden Fruchtfolge vorbeugen. Dabei achtet man zum einen darauf, welche Gemüsefamilien nacheinander angebaut werden, zum anderen hat man den Nährstoffbedarf der Gemüse im Blick. Vertreter einer Gemüsefamilie, beispielsweise die große Kohlverwandtschaft mit Kopfkohl, Kohlrabi und Radieschen, sollten nur alle vier Jahre auf derselben Beetfläche stehen. In dieser Anbaupause kann sich der Boden erholen. Und auf diese Gemüse spezialisierte Schaderreger wie die Kohlfliege finden keine Nahrung und sterben ab. Es gibt aber auch Ausnahmen wie die Pilzerkrankung Kohlhernie, die eine mindestens siebenjährige Anbaupause notwendig macht. In der Übersicht auf Seite 66 finden Sie wichtige Fruchtfolgekrankheiten.

► **Gut zu wissen:** Empfohlene Anbaupausen für Familienmitglieder: Doldenblütengewächse: 3 bis 4 Jahre; Gänsefußgewächse: 8 Jahre; Korbblütengewächse: 3 bis 4 Jahre; Kreuzblütengewächse: 3 bis 4 Jahre (8 Jahre bei Kohlhernie); Kürbisgewächse: 3 bis 5 Jahre; Lippenblütengewächse: 4 Jahre; Nachtschattengewächse: 3 bis 4 Jahre; Schmetterlingsblütengewächse: 2 bis 3 Jahre (Gartenbohnen), 4 bis 6 Jahre (Erbsen); Zwiebelgewächse: 4 bis 5 Jahre ■

Gemüseverwandtschaft

Pflanzenfamilie	Gemüsearten
Baldriangewächse	Feldsalat
Doldenblütengewächse	Fenchel, Möhre, Pastinake, Sellerie, Wurzelpetersilie
Eiskrautgewächse	Eiskraut, Neuseeländer Spinat
Fuchsschwanzgewächse	Amarant
Gänsefußgewächse	Gartenmelde, Mangold, Rote Bete, Spinat
Korbblütengewächse	alle Kopf-, Schnitt- und Pflücksalate, Artischocke, Chicorée, Endivie, Haferwurzel, Radicchio, Salatchrysantheme, Schwarzwurzel, Topinambur
Kreuzblütengewächse	alle Kohlgemüse, Asia-Salate, Herbstrübe, Kohlrübe, Mairübe, Meerrettich, Radieschen, Rettich, Rucola
Kürbisgewächse	Gurke, Melone, Kürbis, Zucchini
Lippenblütengewächse	Knollenziest
Malvengewächse	Okra
Nachtschattengewächse	Andenbeere, Aubergine, Chili, Kartoffel, Paprika, Tomate, Tomatillo
Portulakgewächse	Sommerportulak, Winterportulak
Schmetterlingsblütengewächse	Gartenbohnen (Buschbohnen und Stangenbohnen), Erbse, Feuerbohne, Ackerbohne (Puffbohne)
Süßgräser	Mais
Zwiebelgewächse	Lauchzwiebel, Knoblauch, Porree, Schalotte, Schnittlauch, Zwiebel

Kräuterverwandtschaft

Pflanzenfamilie	Kräuterarten
Baldriangewächse	Baldrian
Doldenblütengewächse	Anis, Angelika, Blattpetersilie, Dill, Gewürzfenchel, Kerbel, Koriander, Kümmel, Liebstöckel
Kapuzinerkressegewächse	Kapuzinerkresse
Korbblütengewächse	Beifuß, Eberraute, Estragon, Kamille, Ringelblume, Wermut
Kreuzblütengewächse	Brunnenkresse, Gartenkresse
Lippenblütengewächse	Basilikum, Bohnenkraut, Lavendel, Majoran, Minzen, Oregano, Perilla, Rosmarin, Salbei, Thymian, Ysop, Zitronenmelisse
Raublattgewächse	Beinwell, Borretsch

Die wilden Verwandten

Vergessen Sie nicht die Unkräuter! Schließlich sind sie die wilden Verwandten unserer Gemüse. Oft sind sie Kreuzblütengewächse wie der Ackersenf und das Hirtentäschel oder Korbblütengewächse wie Disteln, Kreuzkraut und Löwenzahn. Die wirtsspezifischen Krankheiten, die nur Vertreter einer Gattung oder Familie befallen, können auch auf den Unkräutern überleben und so den Fruchtfolgerhythmus brechen. Der ebenfalls lästige Giersch ist ein Doldenblütengewächs und die Quecken sind Gräser. Giersch kommt als Krankheitsüberträger in der Regel nicht in Frage. Die Quecke gilt als Wirtspflanze für verschiedene Nematoden.

Nährstoffbedarf

Für die Fruchtfolgeplanung kann man die Gemüsearten nach ihrem Stickstoffbedarf in Starkzehrer, Mittelstarkzehrer und Schwachzehrer unterscheiden. Daraufhin teilt man den Gemüsegarten oder in unserem Falle das Kraterbeet in drei Bereiche ein, die zu Beginn der Saison unterschiedlich mit Düngern vorbereitet werden. Um dem Boden ein Jahr länger Regeneration zu geben, kann man einen vierten Bereich einplanen, auf dem Gründüngung gesät wird. Diese nimmt dem Boden keine Nährstoffe, sondern gibt sie ihm zurück.

In der Übersicht auf der nächsten Seite finden Sie die wichtigsten Gemüsearten nach ihrem jeweiligen Nährstoffbedarf in Starkzehrer, Mittelstarkzehrer und Schwachzehrer unterteilt. Verallgemeinernd kann man sagen, dass Frucht- und Kohlgemüse zu den Starkzehrern zählen, die meisten Wurzelgemüse zu den Mittelstarkzehrern und Hülsenfrüchte und Salate zu den Schwachzehrern. Wie immer gibt es auch hier Ausnahmen: Einige Gemüse können in zwei Ligen mitspielen, wie Möhren, Salate und Zwiebeln.

Nährstoffbedarf gängiger Gemüse und Kräuter

Starkzehrer	Mittelstarkzehrer	Schwachzehrer
(18 – 20 g N/m²)	**(12 – 17 g N/m²)**	**(6 – 11 g N/m²)**
Andenbeeren* Auberginen Blumenkohl Brokkoli Chili Chinakohl Gurken* Kartoffeln Kürbisse Mais Paprika* Porree* Rhabarber* Rosenkohl Rotkohl Paprika* Petersilie Porree* Radieschen* Rettiche* Rhabarber* Rote Bete Salate* *(Kopfsalate, Eissalate)* Schwarzwurzeln Sellerie *(Stangensellerie, Knollensellerie)* Speiserüben – *(Herbst-, Mairüben, Teltower Rübchen)* Spinat* Stangenbohnen Stielmus (Rübstiel) Tomaten Weißkohl Wirsing Zichoriensalate* *(Chicorée, Radicchio)* Zucchini Zwiebeln* *(inklusive Schalotten)*	Amarant Andenbeeren* Asia-Salate* Endivien Fenchel Gartenmelde* Guter Heinrich* Gurken* Haferwurzeln Knoblauch Knollenziest Kohlrabi Kohlrüben Kürbisse Mangold Melonen Möhren* Neuseeländer Spinat* Pak Choi Spinat* Winterportulak Zichoriensalate* *(Chicorée, Radicchio)* Zwiebeln* *(inklusive Schalotten, Schnittlauch, Winterheckenzwiebeln)*	Ackerbohnen (Puffbohnen) Asia-Salate* Buschbohnen Erbsen Erdbeerspinat Feldsalat Gartenmelde* Guter Heinrich* Kichererbsen Kräuter, allgemein Kresse Lauchzwiebeln Linsen Möhren* Neuseeländer Spinat* Radieschen* Rettiche* Salate* *(Römischer Salat / Bindesalat, Pflück- und Schnittsalate)* Sommerportulak

Nährstoffbedarf in Gramm Stickstoff [N] pro Quadratmeter

*: Diese Gemüsearten und Kräuter finden Sie zweimal in der Tabelle. Es sind Mittelstarkzehrer, die auch den Starkzehrern oder Schwachzehrern zugeordnet werden können.

Fruchtfolge in drei Jahren

Sind die Kraterbeete mit einem Durchmesser von 2 Metern oder kleiner angelegt, ist es sinnvoll, drei – oder je nach Platz mehrere – Beete in die Fruchtfolge aufzunehmen. So können in den Beeten mehr Gemüsearten und insgesamt mehr Gemüse angebaut werden. Kraterbeete ab einem Durchmesser von 3 Metern sind groß genug, um drei Beetbereiche mit Gemüsen unterschiedlichen Nährstoffbedarfs aufnehmen zu können. Die Fruchtfolge rotiert also entweder über drei Kraterbeete oder drei Beetabschnitte in einem großen Kraterbeet.

Im ersten Jahr legt man die Beeteinteilung fest und bereitet den Boden entsprechend vor (siehe Seite 91). Ab dem zweiten Jahr rücken die Beetbewohner jeweils im Uhrzeigersinn ein Beet weiter: Die Starkzehrer kommen auf das Schwachzehrerbeet, das gut mit organischem Dünger angereichert wird. Die Mittelstarkzehrer wandern aufs ehemalige Starkzehrerbeet und brauchen die Nährstoffe weitestgehend auf. Und die Schwachzehrer begnügen sich mit dem, was die Mittelstarkzehrer übrig gelassen haben. Im dritten Jahr geht es weiter im Uhrzeigersinn, im vierten Jahr beginnt der Zyklus von vorn. So wird der im Boden vorhandene Stickstoff optimal genutzt.

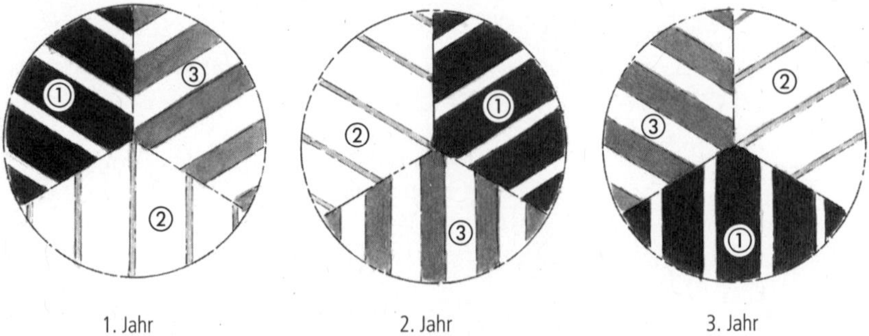

Für die dreijährige Fruchtfolge unterteilt man das Kraterbeet in drei gleich große Abschnitte: ein Starkzehrerbeet (1), ein Mittelstarkzehrerbeet (2) und ein Schwachzehrerbeet (3). Diese drei Beetabschnitte rotieren im Uhrzeigersinn. So kann der Boden nicht einseitig auslaugen.

Fruchtfolge in vier Jahren

Zu den drei Beetabschnitten in der Drei-Jahres-Variante kommt bei einer Fruchtfolge über vier Jahre ein vierter Beetabschnitt hinzu oder die Beetanzahl wird so aufgestockt, dass sie durch Vier teilbar ist. In dieses vierte Beet oder den vierten Beetabschnitt werden Gründüngungspflanzen eingesät, die den Boden nicht nur regenerieren, sondern ihn auch mit Stickstoff anreichern und lockern. Dabei unterscheidet man zwischen schnell wachsenden Arten, winterfesten Arten und Stickstoff anreichernden Arten. Letztere sind Schmetterlingsblütler, die in Symbiose mit Luftstickstoff speichernden Knöllchenbakterien leben. Die Gründüngung wird in den Boden eingearbeitet, sobald sie zu blühen beginnt. Im Herbst gesäte Gründünger bleiben den Winter über auf dem Beet und bedecken ihn. Sie werden im Frühjahr eingearbeitet. Winterfeste Arten bleiben den Winter über grün, nichtwinterfeste Arten frieren ab. Eine Übersicht der gängigsten Gründüngungspflanzen finden Sie auf Seite 111.

Tipp Werden Gründüngungspflanzen als Nachkulturen gesät, sollten sie dem Fruchtfolgeschema angepasst werden. So sind die Familienbindungen bei Gründüngungspflanzen: Buchweizen (Knöterichgewächse), Ringelblumen, Sonnenblumen, Tagetes (Korbblütengewächse), Öl-Rettich, Raps, Rübsen, Gelb-Senf (Kreuzblütengewächse), Phacelia (Raublattgewächse), Inkarnatklett, Blaue Lupine, Rotklee, Saatwicke, Winterwicke, Weißklee (Schmetterlingsblütengewächse), Winterroggen (Süßgräser).

Tipp Möchten Sie ein neues Gemüse im Anbau ausprobieren und finden zum Beispiel keine Angaben zu seinem Nährstoffbedarf, brauchen Sie nur seine Pflanzenfamilie herausfinden. Dabei helfen spezielle Gemüsebestimmungsbücher. Dann können Sie es probehalber so in die Fruchtfolge einbauen wie seine bekannten Gemüseverwandten.

Wichtige Fruchtfolgekrankheiten auf einen Blick

Krankheit oder Schädling	betroffene Gemüsearten	Anbaupause
Pilzkrankheiten		
Fusarium-Welke	großer Wirtspflanzenkreis, u. a. Bohnen, Erbsen, Spargel, Zwiebeln, Kartoffeln	mindestens 4 Jahre
Sclerotinia-Fäule	großer Wirtspflanzenkreis, u. a. Gurken, Tomaten, Salate, Zierpflanzen	mindestens 4 Jahre
Verticillium-Welke	großer Wirtspflanzenkreis, u. a. Gehölze, Erdbeeren, Gurken, Sommerastern	mindestens 4 Jahre
Kohlhernie	Kreuzblütengewächse	mindestens 4 Jahre
Rettichschwärze	Kreuzblütengewächse	mindestens 3 Jahre
Septoria-Blattflecken-krankheit	Doldenblütengewächse, u. a. Sellerie, Petersilie	mindestens 3 Jahre
Nematoden		
Wurzelgallenälchen	großer Wirtspflanzenkreis, u. a. Gurken, Tomaten, Salate, Möhren	Anbau von Getreide oder Schwarzbrache
Kartoffelzystenälchen	Nachtschattengewächse, u. a. Kartoffeln, Tomaten	8 bis 10 Jahre
Rübenzystenälchen	Kreuzblütengewächse, u. a. Kohlarten, Rettiche Gänsefußgewächse, u. a. Rote Bete, Mangold, Spinat	8 bis 10 Jahre
Insekten		
Kohlfliege	Kreuzblütengewächse, u. a. Kohlarten, Rettiche	4 Jahre
Möhrenfliege	Doldenblütengewächse, u. a. Möhren, Sellerie, Pastinaken	4 Jahre
Zwiebelfliege	Zwiebelgewächse, u. a. Zwiebeln, Porree, Schnittlauch	4 Jahre

Die Saison verlängern mit einem Mini-Frühbeet

Mit einer Folie, die über das Kraterbeet gespannt wird, entsteht ein Frühbeet. Damit kann die Saison im Beet verlängert werden. Im Frühjahr erwärmt sich die Luft darunter schneller und Frühgemüse wie Salat, Kohlrabi und Radieschen können bereits Anfang März gesät beziehungsweise gepflanzt werden. Im Herbst kann die Erntezeit bis nahezu ins Frühjahr verlängert werden. Unter der schützenden Folie können Spinat, Feldsalat und Winterportulak selbst bei frostigem Wetter geerntet werden. Bei mehreren Kraterbeeten kann eines so auch als Vorzuchtstation für Salat-, Kohlrabi-, Kohl- und andere Setzlinge dienen.

Benutzen Sie zur Abdeckung eine UV-stabile Treibhaus- oder Frühbeetfolie. Sie kann auf einen Rahmen gespannt werden, der über das Beet gelegt wird, oder über einen Pfosten gespannt werden, der im Zentrum des Beets eingeschlagen wird. Bei Letzterem entsteht ein kleines Zelt. Am Boden wird die Folie am besten mit Steinen befestigt.

Frühbeetaufsatz: Ein mit Folie bespannter Holzrahmen verlängert die Saison im Kraterbeet.

Gemüseporträts von Ackerbohne bis Zwiebel

Auf den folgenden Seiten finden Sie eine Auswahl der wichtigsten Gemüsearten für Ihr Kraterbeet. Scheuen Sie sich nicht, auch mit anderen hier nicht erwähnten Gemüsearten zu experimentieren, zum Beispiel mit Asia-Salaten, Pastinaken, Rettichen, Knoblauch oder Rübchen.

Ackerbohne, Puffbohne
Vicia faba

Aussaat: Sobald der Boden nicht mehr gefroren ist, können die Samen im Abstand von 15 Zentimetern gelegt werden, meist ab Mitte Februar. Je eher die Ackerbohnen gesät werden, desto robuster sind sie gegenüber der Schwarzen Bohnenlaus. | **Pflege:** Ackerbohnen sind Schwachzehrer und brauchen keine extra Düngung. Während der Blüte reagieren sie empfindlich auf Wassermangel. | **Schädlinge:** Die *Schwarze Bohnenlaus* befällt die Triebspitzen. Vorbeugend die Bohnen so früh wie möglich säen. | **Ernte:** Die unreifen Samen sind ab etwa Mitte Juni erntereif, wenn sie ihre endgültige Größe erreicht haben. | **Sortenauswahl:** 'Hangdown', 'Dreifach Weiße'

Buschbohnen
Phaseolus vulgaris

Aussaat: Die Samen werden in Reihen in einem Abstand von 10 bis 15 Zentimetern ab Mitte Mai gelegt. Da die Erntezeit kürzer ist als bei Stangenbohnen, plant man gleich noch eine zweite Aussaat Anfang Juli ein. | **Pflege:** Buschbohnen sind Schwachzehrer. Sie können ihren Stickstoffbedarf mithilfe von Knöllchenbakterien, die an ihren Wurzeln leben, selbst decken. Während der Hauptblüte bei trockenem Wetter zusätzlich wässern. Nach dem Auflaufen anhäufeln. |

Krankheiten: Eingesunkene, runde, braune Flecken auf Blättern, Stängeln und Hülsen sind Zeichen für die *Brennfleckenkrankheit.* Bei feuchtem Wetter können sich kleine, braune, von einem gelblich grünen Hof umgebene Flecken auf Blättern und Stängeln entwickeln. Das ist die *Fettfleckenkrankheit.* Kranke Pflanzen entfernen. Vorbeugend gesundes Saatgut verwenden, weiten Pflanzenabstand wählen, Fruchtfolge einhalten. Sonst noch *Bohnenrost* (siehe Stangenbohnen, Seite 83). | **Schädlinge:** *Bohnensaatenfliege* und *Schwarze Bohnenlaus* (siehe Stangenbohnen, Seite 83) | **Ernte:** Nach sechs bis acht Wochen können die ersten grünen Hülsen geerntet werden. | **Sortenauswahl:** 'Saxa', 'Purple Teepee', 'Marona', 'Helios'

Endivien und Zichoriensalate

Cichorium endivia **und** ***Cichorium intybus***

Aussaat: Ab Mitte Juni werden Endivien und Zichorien im Frühbeet vorgezogen. | **Pflanzen:** Vier Wochen nach der Aussaat werden sie ins Beet mit einem Abstand von 30 Zentimetern gepflanzt. | **Pflege:** Endivien sind Mittelstarkzehrer und folgen nach gut gedüngten Kulturen wie frühen Kohlsorten. Sie brauchen keine eigene Düngung. Bei Trockenheit im Herbst wird zusätzlich bewässert. | **Krankheiten und Schädlinge:** wenig anfällig | **Ernte:** Mitte September bis Mitte Oktober wird geerntet. Dann sind die Rosetten und Köpfe schön ausgebildet. | **Sortenauswahl:** Endivien: 'Grüne Große Krause', 'Wallone', 'Grüner Escariol', 'Escariol gelb'; Zichorien: 'Zuckerhut', 'Catalogna'; Radicchio: 'Palla Rossa 3', 'Rossa di Treviso', 'Variegato di Castelfranco'

Erbsen
Pisum sativum

Aussaat: Zuckererbsen und Markerbsen werden ab Anfang April gesät. Aussaaten sind bis Mitte Juni möglich. Schon bei der Aussaat wird mittelhohen und hohen Sorten ein Rankgerüst, zum Beispiel Reisig, mitgegeben. Die Samen werden recht dicht gesät: in einem Abstand von 4 bis 6 Zentimetern. | **Pflege:** Erbsen sind Schwachzehrer. Wenn sie in der Fruchtfolge nach Mittelstarkzehrern folgen, reicht ihnen der vorhandene Stickstoff aus. Zudem können sie wie andere Hülsenfrüchte Luftstickstoff fixieren. 14 Tage nach dem Auflaufen werden die Pflanzen angehäufelt. | **Krankheiten:** *Echter Mehltau* kommt vor allem an spät gesäten Erbsen vor. Blätter, Triebe und Früchte sind dann von einem pudrigen, weißen Belag überzogen. Kranke Pflanzenteile und Pflanzen entfernen. | **Ernte:** Zuckererbsen werden gepflückt, bevor sich die Hülsen aufblähen. Markerbsen sind reif, wenn das Korn in den Hülsen die volle Größe erreicht hat. | **Sortenauswahl:** Markerbsen: 'Wunder von Kelvedon', 'Ambassador'; Zuckererbsen: 'Ambrosia', 'Sweet Horizon'

Feldsalat
Valerianella locusta

Aussaat: Feldsalat ist ein typischer Herbst- und Wintersalat. Für die Ernte im Herbst wird Mitte Juli bis Mitte August gesät. Spätere Aussaaten bis Mitte September sind ab November erntereif. Die früheste Aussaat für die Frühjahrsernte beginnt ab März. Gesät wird breitwürfig oder in Reihen. | **Pflege:** Feldsalat ist ein Schwachzehrer und benötigt keine Düngung. Bei Aussaat im Sommer sollten die Beete gleichmäßig feucht gehalten werden, damit die Saat gut aufgeht. Bei starken Frösten die Pflanzen mit doppeltem Vlies oder Reisig abdecken. | **Krankheiten:** Kleine, blassgrüne Pflanzen, deren Blätter auf der Unterseite graues Myzel haben, sind vom *Falschen Mehltau* befallen. Er tritt vor allem im Herbst bei feuchter Witterung auf. Vorbeugend kranke Pflanzen entfernen, morgens gießen. | **Ernte:** Nach fünf bis zehn Wochen sind die kleinen Rosetten erntereif. Auch im Winter kann bei frostfreiem Wetter geerntet werden, solange die Pflanzen selbst nicht gefroren sind. | **Sortenauswahl:** 'Dunkelgrüner Vollherziger', 'Vit', 'Verte de Cambrai', 'Elan'

Grünkohl

Brassica oleracea* convar. *acephala* var. *sabellica

Aussaat: Auch wenn erst im Winter geerntet wird, braucht der Grünkohl einen guten Zeitvorsprung, denn die Jungpflanzen wachsen recht langsam. Darum wird er in Töpfchen im Frühbeet von Mai bis Juni vorgezogen. | **Pflanzen:** Die Setzlinge werden von Juni bis Juli in einem Abstand von 50 bis 75 Zentimetern gepflanzt. | **Pflege:** Grünkohl ist ein Starkzehrer. Zur Pflanzung bekommt er eine Gabe Kompost. Wenn er eine Rosette bildet, gibt es noch einmal Düngernachschub mit Pflanzenjauche. Im Sommer sollten die Pflanzen bei Trockenheit gewässert werden. Der Boden wird regelmäßig gelockert und gemulcht. | **Krankheiten:** *Kohlhernie* (siehe Kopfkohl, Seite 75) | **Schädlinge:** *Erdflöhe, Kohlfliege, Kohlweißling* (siehe Kopfkohl, Seite 75). Zudem kommt hier noch die *Kohlmottenschildlaus* ins Spiel, die vor allem ab August auffällig wird. Auf der Blattunterseite sitzen kleine, weiße, fliegenähnliche Insekten, die bei der kleinsten Bewegung auffliegen. Sie überwintern am Grünkohl. Vorbeugend Kulturschutznetz spannen und Schöllkraut, eine weitere Wirtspflanze der Laus, entfernen. | **Ernte:** Nach den ersten stärkeren Frösten schmecken die Blätter milder. Geerntet wird Blatt für Blatt von unten nach oben. Bei frostfreiem Wetter kann den ganzen Winter über geerntet werden. | **Sortenauswahl:** 'Lerchenzungen', 'Niedriger grüner Krauser', 'Halbhoher Grüner Krauser', 'Red Russian'

Gurke
Cucumis sativus

Aussaat: Ab Mitte Mai können die Gurkensamen direkt ins Beet gesät werden. Bis Mitte Juli sind Folgesaaten möglich. Im Abstand von 60 Zentimetern werden je zwei Samen gelegt, der stärkere Sämling bleibt stehen. | **Pflanzen:** Zwei bis drei Wochen vor dem Auspflanzen können Gurken vorgezogen werden. Dazu gleich größere Töpfe wählen, da Gurken nicht pikiert werden möchten. | **Pflege:** Gurken sind Starkzehrer und bekommen zur Aussaat groben Kompost mit gehäckseltem Stroh oder halb verrotteten Stallmist. Beinwelljauche während der Saison deckt den Bedarf an Kalium und Stickstoff. Salatgurken bekommen ein Rankgerüst. Bei trockener Witterung wässern! | **Krankheiten:** *Echter Mehltau* (siehe Zucchini, Seite 86) und *Falscher Mehltau* machen den Gurken zu schaffen. Letzterer tritt auf, wenn sich im Sommer morgens Tau bildet. Die Blätter bekommen gelbe Flecken, die durch die Blattadern begrenzt werden. Auf der Blattunterseite entwickelt sich graues Myzel. Kranke Pflanzenteile entfernen. Vorbeugend resistente Sorten wählen, nur morgens gießen, mit Ackerschachtelhalmbrühe stärken, mulchen. | **Ernte:** Acht bis neun Wochen nach der Aussaat tragen die Pflanzen erste Früchte. | **Sortenauswahl:** Gut für den Freilandanbau tauglich sind 'Marketmore 76' und 'Diamant'. Beide sind resistent gegenüber dem Falschen Mehltau.

Honigmelone
Cucumis melo

Säen: Ende April werden zwei Samen pro Topf auf der Fensterbank vorgezogen, am besten in einem beheizbaren Zimmergewächshaus. Der schwächere der beiden Sämlinge wird entfernt. Ende Mai werden die Melonen nach dem Abhärten ausgepflanzt und in der ersten Zeit mit Vlies vor Kälte geschützt. Pflanzabstand je nach Sorte zwischen 60 und 100 Zentimetern. | **Pflege:** Melonen sind besonders wärmebedürftig. Das kann man mit schwarzer Mulchfolie unterstützen, die den Boden schneller erwärmt. Große Steine halten die Wärme und geben sie nachts wieder ab. Wie die Gurken bekommen Melonen eine Grunddüngung mit Kompost und während der Saison mehrmals Pflanzenjauche. Nur mit warmem Wasser gießen, vor allem ab dem Fruchtansatz. Vier bis fünf Früchte pro Pflanze belassen und die Triebe so einkürzen, dass über der letzten Frucht noch drei Blätter sind. | **Krankheiten:** *Falscher Mehltau* (siehe Gurke, Seite 72) | **Ernte:** Die Früchte sind ernte- und genussreif, wenn sie stark duften und sich ein halbkreisförmiger Riss um den Stiel bildet. Das geschieht meist ab August. | **Sortenauswahl:** frühreifende Sorten wie 'Far North', 'Orange Beauty', 'Petit gris de Rennes'

Kartoffel
Solanum tuberosum

Pflanzen: Ende April bis Ende Mai werden die Pflanzkartoffeln mit den Keimen nach oben in mindestens 10 Zentimeter tiefe Löcher gesetzt. Pflanzabstand ist 30 bis 35 Zentimeter. Kartoffeln können vier Wochen vorher vorgekeimt werden. Dazu werden sie in flache Kisten oder Eierkartons gesetzt und hell bei 10 bis 15 °C gelagert. | **Pflege:** Kartoffeln sind Starkzehrer. Die Pflanzstelle kann bereits im Herbst mit Mist vorbereitet werden oder man arbeitet vor dem Pflanzen Kompost oder kompostierten Mist ein. Sobald sich Blätter bilden, sollte der Boden ausreichend feucht gehalten werden. Bei lang anhaltender Sommertrockenheit zusätzlich gießen. Wenn die Pflanzen etwa 20 Zentimeter hoch sind, werden sie angehäufelt. Etwa vier Wochen später wird noch einmal angehäufelt. So bilden sich viele Seitensprosse, an denen Kartoffelknollen wachsen. | **Krankheiten:** Gefürchtet ist die *Kraut- und Knollenfäule.* Sie lässt das Laub verbräunen und die Kartoffeln faulen. Durch Vorkeimen haben die Kartoffeln einen Wachstumsvorsprung. Vorbeugend nicht zu dicht pflanzen, von unten gießen und mit Schachtelhalmbrühe stärken. Befallene Pflanzenteile und Pflanzen entfernen. |

Schädlinge: Der gestreifte *Kartoffelkäfer* ist oft in der Nähe von Kartoffelfeldern ein Problem. Käfer und Larven werden abgesammelt, Eigelege werden zerdrückt. *Drahtwürmer*, die Larven der Schnellkäfer, fressen Löcher und Gänge in die Knollen (mehr dazu auf Seite 49). | **Ernte:** Sehr frühe und frühe Sorten sind ab Mitte Juni erntereif, mittelfrühe und späte Sorten ab September. Um die Kartoffeln einzulagern, bleiben die Knollen noch zwei Wochen nachdem das Laub abgestorben ist auf dem Beet. **Sortenauswahl:** | sehr früh und früh: 'Annabelle', 'Rosara', 'Roter Erstling', 'Sieglinde', 'Cilene'; mittelfrüh: 'Nicola', 'Adretta', 'Belinda', 'Blaue Schweden', 'Rote Emmalie'; spät: 'Vitelotte', 'Aeggeblomme', 'Bamberger Hörnchen', 'Rosa Tannenzapfen', 'Highland Burgundy Red'

Kohlrabi

Brassica oleracea* var. *gongylodes

Aussaat: Die früheste Aussaat ist ab Anfang April möglich. Kohlrabi für die Herbsternte wird bis Mitte Juli gesät. Der Pflanzenabstand beträgt 25 Zentimeter. Für eine gleichmäßige Versorgung mit dem zarten Gemüse wird etwa alle drei Wochen ein neuer Satz gesät. | **Pflanzen:** Für die Vorkultur werden die Samen im Frühbeet ausgesät. Die Jungpflanzen dürfen nicht tiefer gesetzt werden, als sie im Aussaatgefäß standen. | **Pflege:** Kohlrabi ist ein Mittelstarkzehrer und braucht eine gleichmäßige Nährstoffversorgung. Vor der Aussaat oder Pflanzung wird das Beet mit Kompost vorbereitet. Zusätzlich zur Startdüngung wird etwa sechs Wochen nach der Pflanzung mit schnell wirkender Pflanzenjauche gedüngt. Bei trockenem Wetter sollte zusätzlich bewässert werden. Der Boden wird gelockert und gemulcht. | **Krankheiten:** Die *Kohlhernie* kann auch den Kohlrabi schädigen (siehe Kopfkohl, Seite 75). | **Schädlinge:** *Kohlfliege*, *Erdflöhe* (siehe Kopfkohl, Seite 75) | **Ernte:** Etwa zwölf Wochen nach der Aussaat ist Kohlrabi erntereif. Auch die Blätter können roh oder gegart verwendet werden. | **Sortenauswahl:** Frühe Sorten sind schnell reif und zart. Späte Sorten brauchen zwar länger, bis sie reif sind, dafür sind sie gut lagerfähig. früh: 'Lanro', 'Noriko', 'Azur Star', 'Blaro', 'Delikatess Blauer'; spät: 'Superschmelz', 'Blauer Speck'

Kopfkohl
Brassica oleracea

Aussaat: Ab April können Weißkohl, Rotkohl und Wirsing direkt ins Beet gesät werden. Für den Anbau im Kraterbeet empfiehlt sich eine Vorkultur ab April im Frühbeet, um ab Mai Jungpflanzen setzen zu können. Kohl braucht viel Platz im Beet: Frühe Sorten werden in 50 Zentimeter, späte Sorten in 70 Zentimeter Abstand gepflanzt. | **Pflege:** Kopfkohl ist ein Starkzehrer, der vor allem auf mittelschweren und schweren Böden gut gedeiht. Vor dem Pflanzen wird das Beet mit 3 bis 5 Kilogramm Kompost pro Quadratmeter vorbereitet. Zusätzlich zur Startdüngung wird vor Einsetzen der Kopfbildung einmal Pflanzenjauche gegeben. Ab Juli/August haben die Pflanzen einen sehr hohen Wasserbedarf und sollten bei Trockenheit gewässert werden. Der Boden wird regelmäßig gelockert und gemulcht. | **Krankheiten:** Die *Kohlhernie* verursacht Wucherungen an den Wurzeln. Tritt diese Pilzerkrankung auf, sollte auf der Fläche sieben Jahre kein Kohl angebaut werden. | **Schädlinge:** Die Larven der *Kohlfliege* fressen im Wurzelhals und lassen die Pflanze welken. Vorbeugend Fruchtfolge einhalten. *Erdflöhe,* kleine Käfer, fressen runde Löcher in die Blätter der Jungpflanzen. Vorbeugend Beete gut lockern und feucht halten. Die Raupen von *Kohlweißlingen* und anderen Schmetterlingen können Kohlbeete kahl fressen. Alle hier genannten Schädlinge können mit einem Kulturschutznetz ausgesperrt werden, das nach dem Pflanzen über das Beet gespannt und auch an den Seiten gut geschlossen wird. | **Ernte:** Frühsorten ab Juni rasch ernten, sie platzen sonst. Herbstsorten und Lagersorten können länger auf dem Beet stehen bleiben. | **Sortenauswahl:** Weißkohl: 'Marner Allfrüh', 'Dottenfelder Dauer', 'Eersteling' (ein Spitzkohl); Rotkohl: 'Amarant', 'Granat', 'Rodynda', 'Marner Lagerrot'; Wirsing: 'Vorbote 3', 'Wiener Winter', 'Winterfürst 2', 'Smaragd'

Mangold
Beta vulgaris

Aussaat: Von Mitte April bis Mitte Juli kann direkt ins Beet gesät werden. Die Sämlinge werden auf 30 Zentimeter vereinzelt. | **Pflege:** Mangold ist ein Mittelstarkzehrer. Das Beet wird vor der Aussaat mit etwas Kompost vorbereitet. Während der Saison wird nach Bedarf mit Pflanzenjauche gedüngt, vor allem nach der ersten Ernte. Das fördert den Neuaustrieb. Bei längeren trockenen Phasen gießen. Mulchen und regelmäßig hacken. Mangold kann den Winter über auf dem Beet bleiben. | **Krankheiten:** *spezialisierte Blattfleckenkrankheit* (siehe Rote Bete, Seite 80) | **Ernte:** Mangold kann blattweise geerntet werden. Dafür werden die Blätter am Stielansatz herausgedreht, so entstehen keine Wunden. | **Sortenauswahl:** Blattmangold: 'Hunsrücker Schnitt', 'Lucullus'; Stielmangold: 'Bright Lights', 'Feurio', 'Roter Vulkan', 'Glatter Silber', 'Pirol'

Möhre
Daucus carota

Aussaat: Die ersten Möhren werden so früh wie möglich im Freien ausgesät, meist ab März. Folgende Aussaaten sind bis Mitte Juni möglich. Da Möhrensamen recht lange brauchen, bis sie aufgehen, ist eine Markiersaat mit schnell keimenden Radieschen üblich. So können Pflegemaßnahmen besser durchgeführt werden. Wenn die Pflänzchen gut sichtbar sind, werden sie ausgedünnt, damit sich die übrig bleibenden Möhren gut entwickeln können. | **Pflege:** Möhren sind Mittelstarkzehrer. Die Beetfläche wird mit Kompost vorbereitet. Bei längeren Trockenperioden oder auf sandigen Böden öfter wässern. Unkraut jäten und mulchen. | **Schädlinge:** Die *Möhrenfliege* durchbohrt die Wurzeln und macht sie unbrauchbar. Vorbeugend Fruchtfolge einhalten, Kulturschutz-

netze nach der Aussaat über das Beet legen. | **Ernte:** Möhren können nach Bedarf geerntet werden. Lagermöhren werden erst geerntet, wenn sich die Blattspitzen gelb oder rot färben. | **Sortenauswahl:** 'Pariser Markt', 'Duwicker', 'Amsterdamer', 'Rodelika', 'Robila'

Pak Choi

Brassica rapa* ssp. *chinensis

Aussaat: Für die Frühjahrsernte wird der Pak Choi Ende März direkt ins Beet gesät. Als Nachkultur wird er Mitte Juli bis Anfang August ausgebracht. Der Pflanzenabstand beträgt etwa 25 Zentimeter. | **Pflege:** Pak Choi braucht keine zusätzliche Düngung. Für eine gleichmäßige Bodenfeuchte wird das Beet gemulcht. | **Krankheiten:** Der asiatische Kohl ist anfällig für die *Kohlhernie* (siehe Kopfkohl, Seite 75). | **Schädlinge:** *Erdflöhe* (siehe Kopfkohl, Seite 75) und *Blattläuse* treten häufig auf. | **Ernte:** Sechs bis acht Wochen nach der Aussaat ist der Pak Choi erntereif. | **Sortenauswahl:** 'White Celary Mustard', 'Tatsoi'

Paprika und Chili

Capsicum annuum

Aussaat: Ab Mitte Februar werden die Samen auf der Fensterbank vorgezogen. Paprika sind Lichtkeimer, sie werden gar nicht oder nur wenig mit Erde bedeckt. Sie keimen meist nach 14 Tagen. Etwa drei Wochen nach der Aussaat werden die Sämlinge in größere Töpfe und etwas tiefer gesetzt. Die Pflänzchen wachsen anfangs recht langsam. Ab Mai kann bei Bedarf ein Flüssigdünger in halber Dosierung mit dem Gießwasser gegeben werden. | **Pflanzen:** Ende Mai, Anfang Juni können die Paprika gepflanzt werden. Zuvor werden sie tagsüber an einem schattigen, windgeschützten Platz abgehärtet. Die Pflanzen werden im Abstand von 40 bis 50 Zentimetern gepflanzt. | **Pflege:** Paprika sind Starkzehrer. Sie werden in eine gut mit Kompost oder kompostiertem Mist vorbereitete Pflanzstelle gesetzt (3 bis 5 Kilogramm pro Quadratmeter).

Ab dem ersten Fruchtansatz wird alle 14 Tage mit einem Tomaten-Flüssigdünger oder Pflanzenjauche gegossen. Ab dem Fruchtansatz haben Paprika auch einen erhöhten Wasserbedarf. Sorten mit großen Früchten erhalten einen Stützstab. Die erste Blüte, die sogenannte Königsblüte, wird entfernt, um die Pflanzen in Blühlaune zu halten. | **Schädlinge:** Paprika und Chili sind sehr robust. Nur *Blattläuse* können den Pflanzen zu schaffen machen, wenn sie zu dicht stehen oder überdüngt wurden. | **Ernte:** Um den kontinuierlichen Blüten- und damit auch Fruchtansatz zu fördern, werden auch unreife Früchte geerntet. Reife Früchte zeigen einen deutlichen Farbumschlag. | **Sortenauswahl:** Freilandsorten sind robuster und kommen mit den teils niedrigen Nachttemperaturen bei uns gut klar. Paprika: 'Sweet Chocolate', 'Ungarischer Gelber', 'Korosko', 'Roter Augsburger', 'Ferenc Tender'; Chili: 'Milder Spiral', 'Serrano', 'Jalapeno'

Porree, Lauch
Allium ampeloprasum

Aussaat: Herbst-Porree wird ab Mitte März im Frühbeet vorgezogen, Winter-Porree kann von Mitte April bis Anfang Mai vorgezogen oder direkt gesät werden. Die Jungpflanzen werden in zehn bis 15 Zentimeter tiefe Furchen oder Löcher im Abstand von 15 Zentimetern in der Reihe gesetzt, dabei wird das Loch nicht sofort geschlossen, sondern erst nach ein paar Tagen. | **Pflege:** Porree ist ein Starkzehrer. Er bekommt eine Startdüngung mit Kompost (3 Kilogramm pro Quadratmeter) und noch zwei- bis viermal einen Flüssigdünger. Von Juni bis September brauchen die Pflanzen eine gleichmäßige Bodenfeuchte, darum bei Trockenheit durchdringend gießen. Eine Mulchschicht hilft, die Feuchtigkeit im Boden zu halten. Die Pflanzen drei- bis sechsmal anhäufeln, damit ein weißer Schaft entsteht. Winter-Porree bei Kahlfrost mit doppeltem Vlies abdecken. | **Schädlinge:** *Zwiebelfliege* und *Lauchmotte* minieren im Schaft beziehungsweise im Laub. Ein Kulturschutznetz, das

gleich nach dem Pflanzen über den Porree gelegt wird, minimiert deren Auftreten. Zudem Anbaupausen von vier Jahren einhalten. | **Krankheiten:** *Porreerost* zeigt sich mit länglichen, gelbbraun-orangefarbenen Flecken auf dem Laub. Kranke Pflanzen entfernen. Vorbeugend weiten Abstand einhalten, nicht zu viel düngen, Pflanzenreste nach dem Winter entfernen. | **Ernte:** Ab September kann der nicht winterharte Herbst-Porree geerntet werden. Bis April des Folgejahres der Winter-Porree. | **Sortenauswahl:** Herbst-Porree: 'Herbstriesen', 'Blaugrüner Herbst'; Winter-Porree: 'Blauer Winter', 'De Carentan'

Radieschen
Raphanus sativus

Aussaat: Gesät wird von März bis August, am besten alle 14 Tage eine neue Reihe. Radieschen können überall im Beet zu anderem Gemüse dazugesät werden, sie nehmen nicht viel Platz weg und sind nach wenigen Wochen geerntet. Der Pflanzenabstand beträgt 4 bis 6 Zentimeter. | **Pflege:** Radieschen sind denkbar unkompliziert. Sie zählen zu den Schwachzehrern und brauchen nicht gedüngt zu werden. Bei Trockenheit werden sie schnell pelzig oder beginnen zu blühen. | **Schädlinge:** *Kohlfliege*, *Erdflöhe* (siehe Kopfkohl, Seite 75) | **Ernte:** Geerntet wird, wenn die Knollen ihre volle Größe erreicht haben. Nicht zu lange warten, sonst werden sie pelzig. | **Sortenauswahl:** Frühjahrssorten und Herbstsorten: 'Topsi', 'Eiszapfen', 'Flamboyant'; schossfeste Ganzjahressorten: 'Sora', 'Rudi'

Rosenkohl
Brassica oleracea* var. *gemmifera

Aussaat: Die Pflanzen werden von Mitte April bis Mai im Frühbeet vorgezogen. | **Pflanzen:** Im Juni und Juli werden die Rosenkohl-Setzlinge mit einem Abstand von 50 Zentimetern ins Beet gesetzt. | **Pflege:** Wie andere Kohlpflanzen zählt der Rosenkohl zu den Starkzehrern. Das Beet wird mit kompostiertem Mist oder Kompost (3 bis 5 Kilogramm pro Quadratmeter) vorbereitet. Zusätzlich zur Startdüngung wird schnell wirkende Pflanzenjauche gegeben, wenn sich die Röschen entwickeln. Vor allem im Sommer ist eine gute Wasserversorgung wichtig. | **Krankheiten:** *Kohlhernie* (siehe Kopfkohl, Seite 75) | **Schädlinge:** *Erdflöhe, Kohlfliege, Kohlweißling* (siehe Kopfkohl, Seite 75), *Kohlmottenschildlaus* (siehe Grünkohl, Seite 71) | **Ernte:** Die Röschen reifen von unten nach oben. Erntebeginn ist ab Mitte Oktober, bei Wintersorten zieht sich die Ernte bis März. | **Sortenauswahl:** 'Rubine', 'Groninger', 'Hilds Ideal'

Rote Bete
Beta vulgaris

Aussaat: Von Mitte April bis Mitte Juli können die Samen direkt ins Beet gesät werden. Nach dem Auflaufen werden die Sämlinge auf einen Abstand von 8 bis 12 Zentimetern ausgedünnt. | **Pflege:** Rote Bete ist ein Mittelstarkzehrer. Das Beet wird vor der Aussaat mit etwas Kompost vorbereitet. Sobald sich die Rüben entwickeln, wird alle zwei bis drei Wochen Pflanzenjauche gegeben. Während längerer Trockenphasen oder auf eher sandigen Böden zusätzlich bewässern und mulchen. | **Krankheiten:** Runde, graubraune Flecken auf den Blättern sind das Symptom einer auf Rote Bete und Mangold *spezialisierten Blattfleckenkrankheit.* Vorbeugend Fruchtfolge einhalten, kranke Blätter entfernen und von kranken Pflanzen keine Samen nehmen. | **Ernte:** Rote Bete wird geerntet, sobald das Laub beginnt zu welken. Vorsichtig ernten, damit die Wurzeln nicht beschädigt werden. Am besten mit einer Grabegabel vorsichtig anheben. Junge Bete kann jederzeit geerntet werden. Die Blätter eignen sich als Mangold-Ersatz. | **Sortenauswahl:** Neben der klassischen rotfleischigen Bete gibt es auch weiße, gelbe und geringelte Sorten, die etwas milder schmecken. Rote Bete: 'Rote Kugel', 'Robuschka', 'Plattrunde Ägyptische', 'Forono'; gelb, weiß und geringelt: 'Burpees Golden', 'Blankoma', 'Tondo di Chioggia'

Salat: Kopfsalat und Pflücksalat
Lactuca sativa

Aussaat: Je nach Sorte ist die Aussaat von März bis August möglich. Nach dem Auflaufen werden die Pflanzen auf 30 Zentimeter Abstand ausgedünnt. Dichtere Aussaat ist möglich, wenn der Salat als Baby-Leaf-Salat nach wenigen Wochen geerntet wird. Salat in mehreren Sätzen in zwei- bis dreiwöchigem Abstand säen, sodass das ganze Jahr hindurch geerntet werden kann. | **Pflanzen:** Salat kann selbst vorgezogen oder vorgezogen gekauft werden. Dann ist wichtig, dass die Jungpflanzen nicht zu tief, sondern eher etwas höher als in der Aussaatschale gepflanzt werden. | **Pflege:** Kopfsalat ist zwar ein Mittelstarkzehrer, braucht aber in humoser Gartenerde keine Düngung. Pflücksalat ist ein Schwachzehrer und kommt ebenfalls ohne Düngung aus. Bei Trockenheit gehen die Salatpflanzen gern vorzeitig in Blüte und werden dann bitter. Mulchen. | **Schädlinge:** *Schnecken* machen vor allem jungen Salatpflanzen schnell den Garaus. Vorbeugend einen Schneckenkragen um die Jungpflanzen legen. Die *Salatblattlaus* saugt an den Blättern, rotblättrige Sorten werden verschmäht. *Drahtwürmer* fressen an den Wurzeln (mehr dazu siehe Seite 49). | **Ernte:** Kopfsalat gleich ernten, wenn er einen Kopf gebildet hat. Er geht schnell in Blüte über. Beim Pflücksalat sind mehrere Ernten möglich, wenn die Blätter von außen nach innen geerntet werden. | **Sortenauswahl:** Es gibt Sorten für den Frühjahrs- und Herbstanbau und schossfeste Sorten für den Sommer. Kopfsalat: 'Attraktion', 'Brauner Trotzkopf', 'Merveille de quatres saison', 'Maikönig'; Pflücksalat: 'Red Salad Bowl', 'Lollo Rosso', 'Lollo Bionda', 'Till', 'Cerbiatta', 'Amerikanischer Brauner'

Sellerie: Stangensellerie und Schnittsellerie
Apium graveolens

Aussaat: Die eigene Aussaat lohnt nur bei Schnittsellerie ab April in eine Aussaatschale. Stangensellerie wird besser als vorgezogene Jungpflanze im Frühling gekauft. | **Pflanzen:** Schnittsellerie und Stangensellerie werden ab Ende Mai, wenn die Spätfröste vorüber sind, mit einem Abstand von 40 Zentimetern ins Beet gepflanzt. | **Pflege:** Sellerie ist ein Mittelstarkzehrer. Vor dem Pflanzen wird das Beet mit Kompost vorbereitet. Stangensellerie schosst leicht bei Trockenheit. Darum für gleichmäßige Wassergaben sorgen. Boden regelmäßig lockern und mulchen. | **Krankheiten:** Bei einer Infektion mit der *Septoria-Blattfleckenkrankheit* entstehen auf den Blättern hellbraune bis graubraune Flecken mit schwarzem Punkten. Vorbeugend nicht zu dicht pflanzen, bei feuchter Witterung mit Ackerschachtelhalm stärken. | **Ernte:** Stangensellerie kann sieben bis zehn Tage vor der Ernte gebleicht werden, um zartere Stangen zu erhalten, zum Beispiel indem die Pflanzen mit Packpapier umwickelt werden. Bei selbst bleichenden Sorten ist das nicht notwendig. Wie beim Schnittsellerie können auch einzelne Blätter beziehungsweise Stangen von außen herausgedreht werden. | **Sortenauswahl:** Stangensellerie: 'Golden Spartan', 'Tall Utah', 'Tango'; Schnittsellerie: 'Gewöhnlicher Schnitt'

Spinat
Spinacea oleracea

Aussaat: Je nachdem, wann der Spinat geerntet werden soll, wählt man die Aussaatzeit: Für die Frühjahrsernte wird von Ende Februar bis Anfang April gesät. Möchte man im Sommer ernten, sät man im April. Und wer im Herbst noch ein Plätzchen im Beet frei hat, sät von Ende August bis Mitte September. Gesät wird breitwürfig oder in Reihen. Wichtig ist, dass die Samen gut mit Erde bedeckt werden. | **Pflege:** Spinat ist einfach zu ziehen. Er ist ein Mittelstarkzehrer, kommt jedoch mit dem, was seine Starkzehrer-Vorgängerkulturen oder Stickstoff fixierende Hülsenfrüchte im Boden lassen, gut zurecht. Anderenfalls reicht eine mittlere Kompostgabe. Bei Trockenheit, vor allem im Frühjahr und Sommer, geht Spinat vorzeitig in Blüte über. | **Krankheiten:** Helle, leicht aufgewölbte Flecken auf der Blattoberseite und graues Myzel auf der Blattunterseite sind Symptome für den *Falschen Mehltau.* Er tritt vor allem bei feuchter Witterung und beim Anbau im Gewächshaus auf. Vorbeugend kranke Pflanzen entfernen, auf weite Pflanzenabstände achten. | **Ernte:** Schon nach acht Wochen kann geerntet werden, zunächst einzelne Blätter, später die gesamte Pflanze. Im Winter kann bei frostfreiem Wetter geerntet werden, solange die Pflanzen selbst nicht gefroren sind. | **Sortenauswahl:** Frühjahrssorten und Herbstsorten: 'Matador', 'Verdil', 'Monopa'; Schossfeste Sommersorte: 'Gamma'

Stangenbohnen
Phaseolus vulgaris

Aussaat: Stangenbohnen sind frostempfindlicher als Buschbohnen. Darum werden sie erst ab Ende Mai direkt ins Beet gesät. Späteste Aussaaten sind bis Mitte Juli möglich. Zwei bis fünf Samen werden pro Rankhilfen-Stange gelegt. Die Stangen werden in einem Abstand von 60 Zentimetern zueinander aufgestellt. | **Pflege:** Stangenbohnen sind Mittelstarkzehrer. Sie bekommen zur Aussaat eine Gabe Kompost und zu Beginn der Blüte eine Gabe Flüssigdünger. Zur Hauptblütezeit haben sie den größten Wasserbedarf und brauchen eventuell zusätzliche Wassergaben. Wenn die Pflanzen etwa 20 Zentimeter hoch sind, werden sie angehäufelt. | **Schädlinge:** Die Larven der *Bohnensaatenfliege* zerstören die Sämlinge. Beschädigte Sämlinge samt Larven entfernen. Vorbeugend nach der Aussaat Kulturschutznetze auslegen oder die Bohnen vorziehen, Fruchtfolge einhalten. Die *Schwarze Bohnenlaus* besiedelt Blätter und Triebe. Vorbeugend ausgewogen düngen und wässern, frühestmögliche Aussaat oder vorziehen. | **Krankheiten:** *Bohnenrost* zeigt sich vor allem bei feuchtwarmem Wetter mit rostbraunen Pusteln auf Blättern, Stängeln und Hülsen. Vorbeugend kranke Pflanzen entfernen, Bohnenstangen mit hochprozentigem Alkohol desinfizieren. | **Ernte:**

Ab August werden die jungen Hülsen regelmäßig geerntet. Das regt die Blütenbildung an. Ab Ende September sind die Samen reif. | **Sortenauswahl:** 'Neckarkönigin', 'Neckargold', 'Blauhilde', 'Forellenbohne'

Tomate
Lycopersicon esculentum

Aussaat: Ab Mitte Februar können die Tomatensamen auf dem hellen Fensterbrett vorgezogen werden. Tomaten sind Lichtkeimer und sollten gar nicht oder nur wenig mit Erde bedeckt werden. Gegebenenfalls ab Mai mit Flüssigdünger in halber Dosierung düngen. | **Pflanzen:** Ab Mitte Mai oder nach den letzten Frösten können die Tomaten ins Beet gesetzt werden. Die Pflanzen werden so tief gepflanzt, dass das erste Laubblattpaar die Erde berührt. Der Pflanzabstand zwischen den Tomaten beträgt mindestens 50 Zentimeter, besser 80 bis 100 Zentimeter. Im ausgewachsenen Zustand sollten sich die Blätter der benachbarten Pflanzen nicht berühren, damit sie nach Regen besser abtrocknen können und sich Pilzkrankheiten nicht so schnell ausbreiten. | **Pflege:** Tomaten sind Starkzehrer. Darum wird die Pflanzstelle mit Kompost oder kompostiertem Mist gut vorbereitet (3 bis 5 Kilogramm pro Quadratmeter). Im Juni und Juli wird zusätzlich alle drei Wochen mit Pflanzenjauche gedüngt. Tomaten sind erstaunlich trockentolerant und brauchen nur bei lang anhaltender Trockenheit gegossen zu werden oder wenn sie die Blätter vor Trockenheit hängen lassen. Stabtomaten werden regelmäßig an einem Stab aufgebunden. Seitentriebe aus den Blattachseln, die sogenannten Geiztriebe, werden mit den Fingernägeln herausgeknipst. Buschtomaten werden nicht entgeizt.
Die unteren Blätter werden entfernt, um Pilzkrankheiten, die durch Spritzwasser übertragen werden, vorzubeugen. | **Krankheiten:** Die wichtigste und gefürchtetste Krankheit ist die *Kraut- und Braunfäule.* Diese Pilzerkrankung breitet sich im Sommer bei feuchtem Wetter rasend schnell aus und kann die Tomatenpflanzen komplett zerstören. Vorbeugend einen weiten

Pflanzabstand einhalten, untere Blätter entfernen, von unten gießen und die Blätter regelmäßig auf braune Flecken kontrollieren. Kranke Blätter sofort entfernen! In einem sehr feuchten Sommer empfiehlt sich eine vorbeugende Behandlung mit einem im Bio-Anbau zugelassenen Kupfermittel. Resistente Sorten gibt es nicht, dafür aber tolerante Sorten. Färbt sich das Fruchtende dunkel, ist meist ein Kalziummangel Schuld. Der sogenannten *Blütenendfäule* kann mit einer gleichmäßigen Wasserversorgung vorgebeugt werden. | **Ernte:** Die voll ausgefärbten Früchte werden ab Ende Juli geerntet. Unreife und halb reife grüne Tomaten enthalten noch das giftige Alkaloid Solanin. 100 Gramm unreife Früchte enthalten neun bis 32 Milligramm Solanin, halb reife nur noch 0,1 bis 1,8 Milligramm. Der Giftstoff wird nicht durch Garen abgebaut! Ab einer Dosis von 25 Milligramm Solanin pro Tag, das entspricht etwa einer mittelgroßen unreifen Tomate, wird's gefährlich für Erwachsene: Der Hals kratzt, der Kopf schmerzt und es drohen Übelkeit und Erbrechen. | **Sortenauswahl:** Für das Kraterbeetzentrum eignen sich vor allem die hohen Stabtomaten und die mittelhohen, aufrecht wachsenden Buschtomaten. Eher kriechend wachsende Wildtomaten finden ihren Platz am oder auf dem Rand des Beetes. Die Sortenvielfalt ist fast unüberschaubar, deshalb hier nur eine sehr kleine Auswahl: Stabtomaten: 'Black Cherry', 'Green Grape', 'Matina', 'Black Plum', 'San Marzano'; Buschtomaten: 'Rote Murmel'; Wildtomaten: 'Gelbe Johannisbeertomate'

Zucchini

Cucurbita pepo

Aussaat: Zucchini sind frostempfindlich. Darum werden sie erst nach den letzten Spätfrösten ausgesät. Beginn ist frühestens Mitte Mai, Mitte Juni kann noch eine zweite Runde gesät werden. Die Pflanzen brauchen viel Platz und werden in 1 Meter Abstand zueinander gesetzt. | **Pflege:** Zucchini sind Starkzehrer. Das Beet wird mit Stallmist oder mit Kompost vorbereitet (3 bis 5 Kilogramm pro Quadratmeter). Während der Saison wird alle drei Wochen mit Pflanzenjauche nachgedüngt.

Sobald die Pflanzen Früchte ansetzen, darf die Erde nicht mehr trocken sein. Für zusätzliche Wassergaben sind die Pflanzen dankbar. Boden regelmäßig lockern und mulchen. | **Krankheiten:** Weiße, pudrige Flecken auf Blättern und Blattstielen sind Symptome für den *Echten Mehltau.* Meist macht er sich erst im Spätsommer bemerkbar. Frühzeitig kranke Blätter entfernen. Vorbeugend gesunde Blätter mit Knoblauchtee oder Ackerschachtelhalmbrühe stärken. | **Ernte:** Die Früchte schmecken am besten, wenn sie nicht länger als 15 Zentimeter sind. Die regelmäßige Ernte der jungen Früchte regt auch die Blütenbildung an. | **Sortenauswahl:** 'Gold Rush', 'Striato d'Italia', 'Black Beauty'

Zuckermais
Zea mays

Aussaat: Im geschützten Frühbeet kann Mais ab Mitte April vorgezogen werden. Von Mai bis Juli wird direkt ins Beet gesät. | **Pflanzen:** Ab Mitte Mai, nach den letzten Spätfrösten, können die Setzlinge gepflanzt werden, der Abstand beträgt 30 bis 40 Zentimeter. | **Pflege:** Mais ist ein Starkzehrer. Das Beet wird gut mit Kompost vorbereitet. Wenn der Mais blüht und wenn er Kolben ansetzt, wird jeweils mit einer Gabe Pflanzenjauche gedüngt. Bei lang anhaltender Trockenheit im Sommer sollte zusätzlich gewässert werden. Eine Mulchschicht hilft, den Boden feucht zu halten. Nach dem Auflaufen und nach dem Pflanzen regelmäßig Unkraut jäten. | **Schädlinge:** *Vögel* stibitzen die frisch gesäten Maiskörner. *Feldmäuse* und *Erdmäuse* ebenso. Vorbeugend Mais vorziehen oder das Beet mit einem Netz abdecken. | **Ernte:** Zuckermais wird ab August geerntet, wenn der Mais milchreif ist. Dann tritt aus den Körnern eine milchige Flüssigkeit aus, wenn man mit dem Fingernagel hineinsticht. | **Sortenauswahl:** 'Damaun', 'Mezdi', 'Tramunt', 'Golden Bantam'

Zwiebel
Allium cepa

Pflanzen: Steckzwiebeln werden ab Anfang April im Abstand von 5 bis 10 Zentimetern so gesteckt, dass noch etwa ein Drittel der Spitze herausguckt. | **Pflege:** Zwiebeln gelten als Schwach- oder Mittelstarkzehrer. Auf humusreichen Böden kommen sie ohne zusätzliche Startdüngung klar, auf leichten Böden wird vor dem Stecken Kompost eingearbeitet. Zwiebeln bei Trockenheit zusätzlich bewässern, damit sich große Knollen bilden. Bei Wassermangel kommt es zu Wachstumsstockungen. Regelmäßig Unkraut jäten. | **Schädlinge:** *Zwiebelfliege* und *Lauchmotte* (siehe Porree, Seite 78) | **Krankheiten:** *Falscher Mehltau* tritt bei feucht-kühler Witterung auf. Auf den Blättern bilden sich helle, ovale Flecken, die später mit einem grauen Belag überzogen sind. Kranke Pflanzen entfernen. Vorbeugend windoffene Lagen wählen (zum Beispiel nicht ins Kraterinnere setzen), nur vormittags bewässern, mit Ackerschachtelhalmbrühe stärken. | **Ernte:** Ab Juni Laub oder junge Zwiebeln. Ab August, wenn das Laub umknickt, können die Zwiebeln für die Lagerung geerntet werden. Dafür noch ein paar Tage in der Sonne trocknen lassen. | **Sortenauswahl:** 'Stuttgarter Riesen', 'Sturon', 'Red Baron'

Gartenpraxis

Säen und Pflanzen

Voranzucht

Auf der Fensterbank

Kälteempfindliche Gemüse wie Tomate, Aubergine, Chili und Paprika sät man nicht direkt ins Beet. Sie brauchen ein paar Wochen Vorsprung im Warmen. Darum zieht man sie ab Mitte Februar auf der warmen Fensterbank oder ab April im geheizten Gewächshaus vor. Und das wärmeliebende Kräutlein Basilikum ist sehr viel ertragreicher, wenn es ab Mitte Mai im Warmen vorgezogen wird.

Tipp Auberginensamen brauchen es besonders warm, damit sie aufgehen. Im Handel gibt es beheizbare Zimmergewächshäuser oder Heizmatten, auf die das Zimmergewächshaus gestellt werden kann.

Für die Vorkultur eignen sich Schalen oder kleine Töpfchen, die mit Aussaaterde gefüllt werden. Aussaaterde ist besonders feinkrümelig, enthält keinerlei Krankheitskeime und Unkräuter, die den Sämlingen zu schaffen machen könnten. Nach der Aussaat wird die Aussaaterde gut angefeuchtet. Die Gefäße werden in ein Zimmergewächshaus gestellt, in dem sich die Luftfeuchte gut hält und die Erde nicht so schnell austrocknet.

Nach zehn Tagen bis drei Wochen zeigen sich die ersten Keimblätter. Dann sollte das kleine Gewächshaus regelmäßig gelüftet und etwas kühler gestellt werden. Haben die Sämlinge die ersten beiden echten Laubblattpaare gebildet, werden sie in größere Töpfe in Blumenerde oder Aussaaterde pikiert.

Zwei bis drei Wochen vor der geplanten Pflanzung – etwa Ende April, Anfang Mai – werden die Minigemüse im Freien abgehärtet. So gewöhnt man sie an die Windbewegungen und die kühlere Luft im Garten. Stellen Sie die Jungpflanzen an einen sonnen- und windgeschützten Ort, anfangs nur für ein paar Stunden, später darf es auch ruhig den ganzen Tag über sein. Nur über Nacht werden sie wieder ins Haus geholt.

Im Frühbeet

Gemüsearten, die eine kürzere Jugendphase haben, wie Zucchini, Gurken und Mais, werden ab April im ungeheizten Gewächshaus, im Frühbeet oder an einer geschützten Stelle im Freien, zum Beispiel auf Balkon und Terrasse, in Töpfchen vorgezogen. Auf der Fensterbank wäre es ihnen zu warm und sie würden lange, schwache Triebe bilden.

Blattgemüse und Zwiebelgemüse können vorgezogen werden, um ihnen im Frühling einen kleinen Vorsprung zu geben. Man sät sie in Schalen mit Aussaaterde oder direkt ins Frühbeet oder Wartebeet. Für eine sehr zeitige Aussaat ab Ende Februar können Salate auch ins ungeheizte Gewächshaus gesät werden. Wird direkt in den Boden gesät, wird er so vorbereitet, wie im folgenden Kapitel beschrieben, oder Sie verwenden ausgereiften Kompost als Aussaatsubstrat. Wichtig ist, dass Unkräuter nicht zur Konkurrenz für die Setzlinge werden.

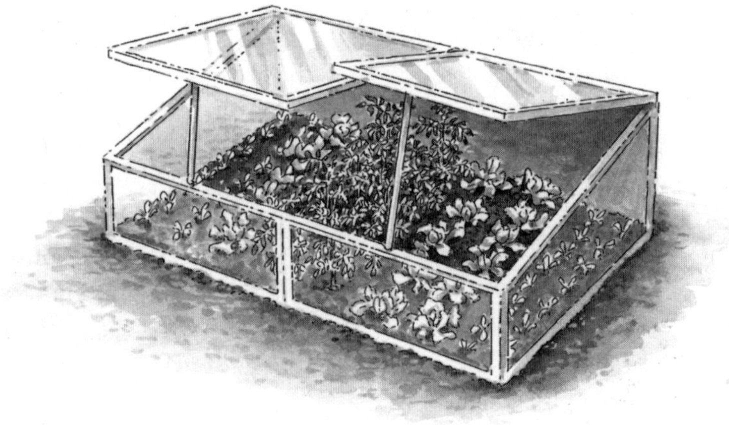

An sonnigen Frühlingstagen kann es tagsüber im Frühbeetkasten sehr warm werden. Damit die Temperaturunterschiede zwischen Tag und Nacht nicht zu groß werden, wird gelüftet.

Wurzelgemüse vertragen es oft nicht, verpflanzt zu werden. Wenn sie doch einmal vorgezogen werden müssen, weil der Frühling auf sich warten lässt, werden sie einzeln in Kokosfasertöpfe gesät und möglichst ohne Verletzung der Wurzeln mit dem Ballen ins Beet gepflanzt.

Tipp Mit dem Kressetest kann der Kompost auf seine Eignung als Aussaatsubstrat getestet werden. Ist er noch nicht ausgereift, enthält er zu viele Nährstoffe, die die Wurzeln der Sämlinge verätzen würden. Füllen Sie eine Schale mit gesiebtem Kompost und säen Sie Kresse darauf aus. Gießen Sie gut an und decken Sie die Schale mit Frischhaltefolie ab oder stellen Sie sie in ein Zimmergewächshaus. Nach ein paar Tagen gehen die Samen auf. Sehen sie frisch grün aus und wachsen sie normal, kann der Kompost für die Aussaat verwendet werden. Sind die Sämlinge dagegen gelblich und gehen verkrüppelt auf, ist der Kompost noch nicht ausgereift. Verwenden Sie dann besser Aussaaterde.

Das Beet vorbereiten

Damit der Gemüseanbau leicht gelingt, wird das Kraterbeet im Frühling gut vorbereitet. Die Erde wird, wenn nötig, mit einem Sauzahn gelockert. Vor allem Wurzelgemüse wissen das zu schätzen. Wurzel- und Samenunkräuter werden bei der Bodenlockerung gründlich entfernt. In den Bereichen, in denen Starkzehrer und Mittelstarkzehrer eingeplant sind, werden 3 bis 5 Kilogramm Kompost oder kompostierter Stallmist pro Quadratmeter oberflächlich eingearbeitet. Das ist weniger als erwartet und entspricht etwa einer dünn gestreuten Schicht mit deutlich sichtbaren Lücken.

Tipp Markieren Sie die unterschiedlich vorbereiteten Bereiche im Beet.

Nach der Bearbeitung braucht die Erde etwas Zeit, um sich zu setzen. Dann zieht man den feinkrümeligen Boden mit einer Harke eben und glatt. Jetzt kann der Krater noch einmal nachgearbeitet werden. Ist der Boden zu trocken, wird er nach dem Ziehen der Saat- oder Pflanzrillen noch einmal gewässert.

Aussäen

Im Kraterbeet gibt es Zonen mit unterschiedlicher Hangneigung. Am Kraterhang können feine Samen wie die von Salat und Möhren leicht abgeschwemmt werden. Sie werden besser in den flachen Kraterbereich zum Zentrum hin gesät oder auf den Kraterrand. Oder die Gemüse werden im Frühbeet vorgezogen und als Pflänzchen gesetzt. Warten Sie mit der Aussaat noch ein paar Tage, wenn der Boden zu nass oder zu kalt ist. Sonst geht das Saatgut nur lückig auf oder verfault im Boden. Bei wärmeren Temperaturen holen die Pflanzen den Zeitverlust schnell wieder auf. Bei länger andauernden kalten Phasen im Frühjahr können Sie die Gemüse auch im Frühbeet vorziehen.

Feines Saatgut darf nicht zu tief gesät werden: Markieren Sie die Saatreihe nur flach und drücken Sie das Saatgut mit dem Handrücken fest. Eventuell kann noch etwas feine Erde darüber gestreut werden.

Pflanzenabstand und Pflanztiefe von größeren Samen wie von Bohnen und Erbsen kann man mit einem Pflanzholz bestimmen. Nach der Aussaat wird mit einer feinen Brause angegossen.

Tipp Säen Sie ruhig etwas dichter, als auf der Samentüte angegeben ist. Die überzähligen Sämlinge werden ausgedünnt und als Minigemüse geerntet oder an andere Stellen gesetzt.

Setzlinge pflanzen

Lassen Sie sich beim Pflanzen von den kleinen Setzlingen nicht dazu verführen, sie zu dicht zu setzen. Vor allem Kopfkohl, Tomaten und Zucchini brauchen später einen großen Pflanzenabstand, um sich gut entwickeln zu können. In die anfangs recht großen Lücken können schnell wachsende Gemüse wie Radieschen, Salat und Kohlrabi gesät oder gepflanzt werden. Sie sind geerntet, sobald die eigentlichen Beetinsassen groß sind und die Lücken schließen.

Setzen Sie die Jungpflanzen so tief, wie sie im Anzuchttöpfchen saßen. Es gibt jedoch ein paar Ausnahmen: Tomaten werden tiefer gesetzt, etwa bis zum ersten Laubblattpaar. Dann entwickeln sich zusätzliche Versorgungswurzeln. Kohlrabi und Salat werden dagegen höher gesetzt. Kohlrabis bilden dann sicher Knollen aus und Salatherzen faulen nicht.

Nach dem Pflanzen wird die Erde um die Setzlinge gut angedrückt und mit einer feinen Brause angegossen. Achten Sie in den folgenden zehn bis 14 Tagen auf gleichmäßige Bodenfeuchte, damit die Saat gut aufgeht und die Setzlinge gut anwachsen.

Düngen

Eine ausgewogene Ernährung der Gemüsepflanzen mit Nährstoffen ist wichtig. Ein Zuviel führt zu Überschuss und Auswaschung ins Grundwasser. Ein Zuwenig bringt Mangelsymptome mit sich. Stickstoff, Phosphor und Kalium sind Hauptnährelemente, denn sie werden in größeren Mengen fürs Pflanzenwachstum benötigt. Spurenelemente wie Kalzium, Eisen und Mangan sind in geringerer Dosis nötig. Phosphor und Kalium sind in den meisten Gartenböden in ausreichender, manchmal auch in sehr hoher Menge vorhanden. Aufschluss über den Nährstoffgehalt des Bodens gibt eine Bodenanalyse. Wie man eine Bodenprobe zur Analyse vorbereitet, lesen Sie auf Seite 43.

Hauptnährstoffe und Spurenelemente sind in den meisten Volldüngern für Gemüse im optimalen Verhältnis enthalten. Naturdünger enthalten entweder nur Stickstoff oder einen Mix aus Stickstoff, Kalium und Phosphor in unterschiedlichen Verhältnissen und dazu Spurenelemente. In der Übersicht auf Seite 63 können Sie nachlesen, wie viel Stickstoff welche Gemüsekultur benötigt.

Geben Sie nicht alle Düngerarten auf einmal! Denn auch bei organischen und biologischen Düngern kann man zu viel geben und Pflanzen und Umwelt schaden. Geben Sie Stallmist ***<u>oder</u>*** Kompost, Letzteren eventuell zusätzlich mit Hornmehl. Das reicht aus! Nährstoffengpässe oder besondere Nährstoffbedürfnisse der Gemüsearten können mit Pflanzenjauche oder einem anderen schnell wirkenden Flüssigdünger gestillt werden. Wann welche Gemüseart dankbar für einen Extra-Schluck Pflanzenjauche ist, lesen Sie in den Gemüseporträts ab Seite 68.

Woran erkennt man einen Nährstoffmangel?

An ihren Blättern können wir sehen, ob unsere Pflanzen unzureichend mit Nährstoffen versorgt sind:

- Gleichmäßig gelb gefärbte Blätter stehen für *Stickstoffmangel.*
- Gelbe Blätter mit deutlich hervortretenden grünen Blattadern sind ein untrügliches Zeichen für einen *Eisenmangel.* Er tritt häufig bei Rhododendren, Azaleen und Hortensien auf, weniger an Gemüse.
- Braune, trockene Blattränder zeigen einen *Kaliummangel* an.
- Sind dagegen die Bereiche zwischen den Blattadern braun, spricht das für einen *Magnesiummangel.*
- *Zu wenig Kalzium* lässt die Blätter löffelförmig aussehen. Tomaten- und Paprikafrüchte haben braune, eingesunkene Flecken am Fruchtende (Blütenendfäule).
- Ein *Mangel an Phosphor* äußert sich zunächst durch ein kräftiges Dunkelgrün, fast Blaugrün, später in einer leichten Rotfärbung der Blätter. Das passiert eher selten, denn unsere Gartenböden sind gut bis sehr gut mit Phosphor versorgt.

Übrigens: Bei *Stickstoffüberschuss* wird viel Blatt- und Triebmasse gebildet, aber wenige bis gar keine Blüten. Zudem sind die Blätter dunkelgrün und schwammig weich.

Eine düngende Pflanzenjauche aus Brennnessel- oder Beinwellkraut ist nach etwa 3 Wochen einsatzbereit. Das Rezept finden Sie auf Seite 97.

Stallmist

Stallmist ist vor allem ein Stickstoffdünger, auch wenn er geringe Mengen Phosphor und Kalium enthält. Der Stickstoffgehalt ist unterschiedlich je nachdem, welches Tier den Mist liefert und wie es gefüttert wurde: Rind, Schaf, Ziege, Kaninchen, Pferd oder Geflügel. Stallmist darf niemals frisch aus dem Stall ausgebracht werden. Er ist dann noch zu stark und kann den Pflanzen schaden. Darum wird er erst einmal auf einen Haufen geschüttet und ein Jahr lang vergessen. In dieser Zeit verrottet er und wird pflanzentauglich, aber auch jetzt nur für Starkzehrer. Im Frühjahr werden etwa 3 Kilogramm pro Quadratmeter bei der Bodenvorbereitung ausgebracht und flach in den Boden eingearbeitet. Nun dauert es drei Jahre, bis der Stallmist komplett abgebaut ist und eine erneute Stickstoffdüngung notwendig ist. Das passt gut zum Drei-Jahres-Rhythmus der Drei-Beete-Wirtschaft (siehe Seite 64).

Tipp Rindermist und Pferdemist gibt es auch in praktischer, geruchsarmer Pelletform.

► **Gut zu wissen:** Pferdemist kann mit dem Herbizid Simplex belastet sein, mit dem Pferdeweiden behandelt werden. Die Pferde nehmen das Herbizid unbeschadet mit der Nahrung auf und scheiden es mit den Pferdeäpfeln unverändert wieder aus. Pflanzen, die mit solch belastetem Pferdemist gedüngt werden, zeigen Herbizidschäden: Ihre Blätter und Triebe sind sehr lang und schmal. Deshalb eignet sich dieser Mist nicht als Dünger oder Bodenverbesserer. ■

Kompost

Kompost unterscheidet sich von Garten zu Garten und von Gärtner zu Gärtner. Je nach verwendeten Ausgangsmaterialien schwankt sein Nährstoffgehalt. Enthalten sind immer Stickstoff, Kalium und Phosphor, die drei Hauptnährelemente, und zahlreiche Spurenelemente. Verwendet wird der reife, gesiebte Kompost. Wird jedes Jahr Kompost ausgebracht, ist der Boden gut mit Kalium und vor allem Phosphor versorgt. Zusätzliche Düngemaßnahmen sollten dann mit phosphatarmen oder phosphatfreien Düngern wie Vinasse oder Hornmehl durchgeführt werden. Der Stickstoff aus dem Kompost steht später zur Verfügung als Kalium und Phosphor. Darum wird der Kompost schon im Frühjahr bei der Beetvorbereitung dünn gestreut, damit er verfügbar ist, wenn das Gemüse ihn braucht. Pro Quadratmeter verteilt man 3 bis 5 Liter. Das entspricht einer dünnen, nur drei bis fünf Millimeter hohen Schicht. Da der Stickstoffanteil aus dem Kompost in der Regel nicht ausreicht, um den Bedarf zu decken, wird zusätzlich Hornmehl gegeben.

Tipp Wer es ganz genau wissen will und seinen Kompost immer gleich zusammensetzt, kann ihn wie eine Bodenprobe auf seinen Nährstoffgehalt hin untersuchen lassen.

Hornmehl

Hornmehl wird meist als reiner Stickstoffdünger gemeinsam mit Kompost gegeben. Der fein gemahlene Dünger braucht etwa sechs Wochen, bis er für die Pflanzen verfügbar ist, und sollte kurz vor der Aussaat oder Pflanzung ausgebracht werden. Man rechnet mit 50 bis 150 Gramm pro Quadratmeter für schwachzehrende bis starkzehrende Gemüsearten. Bei Starkzehrern verteilt man die Gabe auf zwei Zeitpunkte: Die erste Runde gibt's vor der Aussaat oder Pflanzung, die zweite Runde drei bis vier Wochen später.

Tipp Hornspäne sind das Ausgangsmaterial für Hornmehl. Die gröberen Hornspäne werden langsamer abgebaut, sodass der Stickstoff erst später zur Verfügung steht. Damit kommen Staudenpflanzungen, Gehölze und Beerenobst besser zurecht als Gemüse, das punktgenau gedüngt werden möchte.

Pflanzenjauchen

Pflanzenjauchen sind schnell wirkende Flüssigdünger, die leicht im eigenen Garten hergestellt werden können. Brennnesseln und Beinwellblätter sind sehr stickstoffreich. Beinwell enthält auch viel Kalium. Auch alle anderen Pflanzen im Garten können zur Herstellung einer düngenden Jauche verwendet werden, sogar Unkräuter.

Tipp Eine solche Unkrautjauche hat jedoch einen großen Haken: Die Samen von Unkräutern werden bei der Gärung nicht zersetzt! Geben Sie deshalb keine Unkräuter mit reifen Samenständen ins Jauchefass. Bei Zweifeln, ob nicht doch Unkrautsamen mitverjaucht wurden, kann die Flüssigkeit vor dem Verdünnen durch ein sehr feines Sieb abgeseiht werden.

Starkzehrende Gemüsearten bekommen im Sommer zwei- bis dreimal Nachschub mit Pflanzenjauchen.

Grundrezept Pflanzenjauche

1 Kilogramm frische Kräuter (zum Beispiel Brennnessel, Beinwell oder ein Mix der beiden) in einer Tonne oder einem Bottich mit 10 Liter kaltem Regenwasser auffüllen. Geeignet sind Gefäße aus Holz, Steingut, Kunststoff oder emailliertem Metall. Den Ansatz lässt man nun 14 Tage (im Sommer) bis drei Wochen (im Frühjahr und Herbst) gären und rührt jeden Tag um. Bei Geruchsentwicklung, die bei Jauche normal ist, kann eine Handvoll Urgesteinsmehl auf die Oberfläche gestreut werden, das den Geruch bindet. Wenn kein Schaum mehr auf der Oberfläche zu sehen ist, ist die Jauche gebrauchsfertig. Sie wird grob abgeseiht und vor dem Ausbringen im Verhältnis 1:10 (für Starkzehrer) oder 1:20 verdünnt.

Fertige Volldünger und Naturdünger für den Biogarten

Vinasse

Ist der Boden mehr als ausreichend mit Phosphor versorgt, sollten phosphatfreie oder phosphatarme Dünger wie Vinasse verwendet werden. Vinasse ist ein Nachprodukt der Zuckerproduktion und enthält Stickstoff und Kalium. Sie ist der Grundstoff vieler Bio-Flüssigvolldünger. Der Flüssigdünger stellt seinen Stickstoff schnell zur Verfügung.

Biorga

Biorga ist ein organischer Dünger mit Stickstoff, Kalium und Magnesiumanteilen. Er eignet sich vor allem dann, wenn bei der Bodenanalyse überhöhte Phosphorwerte gemessen wurden.

MALTaflor

Der pflanzliche Volldünger MALTaflor wird aus Malzkeimen und Vinasse, einem Nachprodukt der Zuckerproduktion, hergestellt. Der langsam wirkende Dünger mit Stickstoff, Phosphor und Kalium (NPK-Dünger) wird vor der Aussaat oder Pflanzung gegeben.

Patentkali

Patentkali ist ein Kaliumdünger mit Anteilen an Magnesium und Schwefel. Er ist sofort für die Pflanzen verfügbar. Vor allem kaliumbedürftige Pflanzen wie Tomaten und andere Fruchtgemüse, Kartoffeln und Wurzelgemüse können im Mai und Juni mit Patentkali gedüngt werden. Wegen seiner sofortigen Verfügbarkeit hilft er auch bei akutem Kaliummangel.

Geben Sie Gießwasser direkt an die Pflanzenwurzeln. Wird es über die Blätter gegossen, verdunstet es im Sommer schneller, als es bei den Wurzeln ankommt. Zudem fördert das Überbrausen der Blätter die Ausbreitung von Pilzkrankheiten.

Gießen

Im Frühling und im Sommer brauchen frisch gesetzte Pflanzen und Aussaaten zusätzliche Wassergaben, wenn es nicht regnet. Nur wenn der Boden ausreichend feucht ist, können Samen sicher aufgehen und Jungpflanzen gut anwachsen. Im Sommer, während der Hauptwachstumsphase, verbrauchen Gemüsepflanzen am Tag zwischen 3 und 5 Liter Wasser pro Quadratmeter. Damit versorgen sie nicht nur ihre Blätter, sondern auch die von uns begehrten Ernteprodukte wie Früchte, Knollen und Blüten. Um diesen Bedarf zu decken, wird mindestens einmal pro Woche durchdringend gegossen. Während langer Trockenphasen sollte ein zweites Mal in der Woche durchdringend gewässert werden. Mit dem Wassermangel geht meist auch ein Nährstoffmangel einher, denn die Nährstoffe werden mit dem Wasserstrom in der Pflanze transportiert.

Tipp Übergießen Sie Ihre Gartenpflanzen nicht! Im Sommer ist der Wasserbedarf deutlich höher als im Frühling oder Herbst. Die Pflanzen sind in vollem Wachstum, es ist warm und meist trocken.

Geben Sie das Wasser am besten direkt an die Wurzeln. Wird über die Pflanzen gegossen, kann das negative Effekte haben: Zum einen bleibt Wasser an den Blättern hängen und kommt nicht am Boden und bei den Wurzeln an. Zum anderen können sich auf den feuchten Blättern Pilzsporen gut etablieren.

▶ **Gut zu wissen:** Pflanzen verdunsten bei moderaten 20 °C pro Quadratmeter bepflanzter Fläche durchschnittlich 1 bis 2 Liter Wasser täglich. Bei sommerlichen 30 °C sind es bereits 4 bis 7 Liter. Wind erhöht die Verdunstung zusätzlich. ■

Was bedeutet »durchdringend gießen«?

Beim durchdringenden Gießen imitieren wir einen lang andauernden Landregen, bei dem das Wasser langsam über einen längeren Zeitraum in den Boden eindringen kann. Wenn wir im Garten gießen, geschieht das meist auf die Schnelle: Hier ein paar Tropfen, dort ein ganzer Schwall, der es gar nicht schafft, im Boden zu versickern. Gießen wir 1 Liter pro Quadratmeter, wird der Boden je nach Bodenart etwa 1 Zentimeter tief durchfeuchtet. Die Pflanzenwurzeln wachsen jedoch deutlich tiefer und bekommen von den paar Tropfen an der Oberfläche nichts mit. Im Gegenteil: Im schlimmsten Fall verdunstet das Wasser sogar ungenutzt.

Der Boden ist dann gut durchfeuchtet, wenn er sich in Spatentiefe noch feucht anfühlt. Um das zu erreichen, müssen 15 Liter pro Quadratmeter ausgebracht werden, das entspricht etwa anderthalb 10-Liter-Gießkannen pro Quadratmeter. Aber: Diese 15 Liter kann der Boden nicht auf einmal aufnehmen! Die meisten Böden schaffen etwa 10 Liter pro Stunde und Quadratmeter, alles darüber läuft oberflächlich ab. Deshalb verteilt man die Gaben auf ein bis drei Gießgänge.

Tipp Messen Sie, wie viel Wasser pro Minute aus dem Schlauch kommt. Daraus können Sie ableiten, wie lange Sie eine Stelle gießen müssen, um den Boden durchdringend zu bewässern: Füllen Sie mit dem Schlauch und angeschlossener Gießbrause eine 10-Liter-Kanne und messen Sie die Zeit, bis die Kanne voll ist. Dauert es zum Beispiel 30 Sekunden, dann braucht man für ein 10 Quadratmeter großes Beet insgesamt 7 ½ Minuten, um 15 Liter pro Quadratmeter auszubringen. Mit einer Pause sind das zweimal 3 ¾ Minuten, also zweimal knapp 4 Minuten.

Hacken spart Gießen

Eine alte Gärtnerweisheit besagt, dass regelmäßiges Hacken Gießen spart. Das stimmt! Denn ist der Boden durch Regen und Bewässerung verkrustet, kann Wasser durch seine Oberfläche schneller verdunsten als durch gelockerten Boden. Verkrusteter Boden verliert gut und gern bis zu 2 Liter pro Quadratmeter täglich. Das liegt daran, dass die Feuchtigkeit durch lange Kapillaren aus der Tiefe an die Oberfläche gezogen wird. Wird die oberste Bodenschicht dagegen durch regelmäßiges Hacken gelockert, werden diese Kapillaren unterbrochen und die Feuchtigkeit bleibt im Boden. Zudem bewegt sich zwischen den feinen Erdbröckchen nur wenig Luft, das mindert die Verdunstung zusätzlich. Die regelmäßige Arbeit lohnt sich also tatsächlich! Verbinden Sie es mit Unkrautjäten und Zuschauen, wie die Gemüse wachsen.

Mulchen spart Gießen

Eine weitere Möglichkeit, Gießwasser zu sparen, ist Mulchen. Eine Mulchdecke aus Laub oder Rasenschnitt hält die Feuchtigkeit im Boden. Zudem unterdrückt sie Unkraut. Einem regelmäßig gemulchten Boden wird außerdem ständig organische Substanz zugeführt. Das erhöht den Humusgehalt und fördert das Bodenleben. Und es spart »faulen Gärtnern« das regelmäßige Hacken.

Bevor man jedoch die erste Schicht Mulch aufbringt, wird durchdringend gegossen. Sonst erzielt man den gegenteiligen Effekt, denn durch die Mulchschicht können Regenwasser und Gießwasser nur langsam sickern. Der Mulch wird etwa 2 Zentimeter hoch ausgebracht. Eine dickere Schicht könnte anfangen zu schimmeln. Die Mulchdecke kann im Sommer fast wöchentlich erneuert werden. Ein gut durchfeuchteter und anschließend gehackter oder gemulchter Boden hält die Feuchtigkeit etwa eine Woche lang, außer im trockenen, heißen Hochsommer.

Tipp Einen Wermutstropfen hat das Mulchen allerdings: Schnecken mögen die feuchtwarme Atmosphäre darunter sehr.

Mulchmaterialien für den Gemüsegarten

Einige Mulchmaterialien bringen einen weiteren Zusatznutzen: Sie düngen die mit ihnen gemulchten Pflanzen.

- **Rasenschnitt** wirkt als leichter Stickstoffdünger und wird nur in einer sehr dünnen Schicht von zwei bis drei Millimeter Dicke ausgebracht.
- **Beinwellblätter** und **Brennnesselblätter** sind gute Stickstoff- und Kaliumlieferanten und können sogar die Flüssigdüngung im Sommer bei den starkzehrenden Gemüsearten ersetzen.
- **Blätter und Triebe von Klee und anderen Leguminosen** (zum Beispiel von einer Gründüngungsfläche) liefern ebenfalls viel Stickstoff und können im Sommer die Flüssigdüngung ersetzen.
- **Große Blätter von Rhabarber oder Kürbis** kommen unzerkleinert, andere Triebe, Blattreste und Schälreste zerkleinert wieder aufs Beet. Auch in diesem Fall werden Nährstoffe ins Beet zurückgeführt. Wichtig ist, dass die Pflanzenreste nicht krank oder von Schädlingen befallen sind.
- **Unkräuter** kommen von der Wurzel getrennt und zerkleinert aufs Beet. Vorsicht beim Gewöhnlichen Greiskraut *(Senecio vulgaris),* das auch in Blüte gejätet noch reife Samen bildet! Wurzelunkräuter wie Giersch und Quecke besser vorher verjauchen (siehe Seite 97).
- **Laub von sommergrünen Sträuchern,** das beim Heckenschnitt anfällt, kann unzerkleinert verwendet werden. Die holzigen Triebe kommen auf den Kompost. Immergrünes Laub eignet sich dagegen nicht fürs Gemüsebeet, denn es verrottet nur langsam.
- **Pappe** und **Zeitungspapier** in mehrfacher Schicht ausgelegt, unterdrücken hartnäckige Wurzelunkräuter.
- **Stroh** ist kritisch im Gemüsebeet, denn für seinen Abbau durch Mikroorganismen bindet es erst einmal Stickstoff, der dann vor allem den Starkzehrern fehlt. Auf Mangelsymptome achten und bei Bedarf zusätzlich Stickstoff geben. Unter Erdbeeren, Gurken, Zucchini und Kürbissen hält Stroh jedoch die Früchte trocken, sodass sie nicht faulen.

Pflanzenschutz

Vorbeugen ist leichter als Bekämpfen

Gemüsepflanzen werden von einigen ernsthaften Schädlingen und Pilzkrankheiten heimgesucht. Schnecken, Blattläuse und Raupen, Kraut- und Braunfäule sowie Brennfleckenkrankheit können die Pflanzen so sehr schädigen, dass nichts zum Ernten übrig bleibt. Doch so weit muss es nicht kommen, wenn ein paar Überlegungen im Vorhinein angestellt werden. Denn indem man seine Gemüsepflanzen optimal auswählt und mit Wasser und Dünger versorgt, werden sie stark und widerstehen den Widrigkeiten, die da im Gemüsebeet lauern.

Pflanzenabstand

Es ist manchmal verführerisch und passiert auch mir: Samen werden zu dicht gesät, Setzlinge zu dicht nebeneinander gepflanzt. Dabei brauchen Gemüsepflanzen so viel Raum zum Wachsen, dass der Wind zwischen ihnen durchstreifen kann. Für gute Erträge sollten sich die Blätter benachbarter Pflanzen im ausgewachsenen Zustand nicht berühren. Stehen die Pflanzen zu dicht, konkurrieren sie miteinander um Licht, Nährstoffe und Wasser. Das schwächt sie und macht sie anfällig für Schädlinge und Krankheiten. Und im geschützten Klima des Kraterbeetes fühlen sich auch Schädlinge und Pilzkrankheiten wohl. Sie können sich besonders dann schnell ausbreiten, wenn die Gemüse dicht nebeneinander stehen und ihre Blätter als Brücken dienen.

Tipp Wenn Sie während des Sommers feststellen, dass sich die Pflanzen gegenseitig bedrängen, entfernen Sie jede zweite Pflanze. Auch wenn es Ihnen schwerfällt, den übrigen Pflanzen tut es gut.

Sortenwahl

Die Sortenvielfalt bei Gemüse ist enorm! Testen Sie möglichst viele verschiedene Sorten und wählen Sie dann Ihre Favoriten aus. Achten Sie dabei auf regionale sowie auf widerstandsfähige Sorten. Nicht alle historischen Sorten sind auch widerstandsfähig. Und nicht jede neue, bunte, außergewöhnliche Sorte bringt auch das gewünschte Ergebnis.

Bleiben Sie dennoch experimentierfreudig und probieren Sie immer mal wieder etwas Neues aus. Regionalsorten sind an die ortsüblichen Witterungsbedingungen angepasst. Bei Kohl und Bohnen gibt es meist die größte Auswahl. Diese Sorten werden entweder über den Gartenzaun weitergereicht oder von Saatguterhaltungsvereinen gegen eine Spende abgegeben oder verkauft (siehe auch Seite 139).

Widerstandsfähige Sorten sind robust und halten Angriffen von Pilzkrankheiten wie dem Echten Mehltau stand. Nur gegen wenige Schädlinge wie die Möhrenfliege und die Salatblattlaus gibt es widerstandsfähige Sorten.

Anbaupausen

Einige bodenbürtige Schädlinge wie Gemüsefliegen und Nematoden, aber auch einige Pilzkrankheiten lassen sich mit Anbaupausen austricksen. In der Regel geht man von einer Anbaupause von vier Jahren aus, in der dieselbe Gemüseart und ihre verwandten Arten nicht auf demselben Beet angebaut werden (mehr dazu auf Seite 60 und Seite 66).

Schädlinge aussperren

Mit Kulturschutznetzen können Gemüsefliegen, Kohlweißlinge, Lauchmotten und andere unerwünschte Insekten ausgesperrt werden. Die Netze werden gleich nach dem Pflanzen oder der Aussaat locker über gefährdete Gemüsearten gelegt. Hohen Kulturen wie Porree und Kohl lässt man etwas Spielraum zum Wachsen. Wichtig ist, dass die Netze an den Beeträndern gut mit Steinen, Holzlatten oder Erde befestigt werden, damit die Insekten nicht durch seitliche Lücken schlüpfen können. Bei Problemen mit Erdflöhen helfen sogenannte Erdflohnetze, die eine kleinere Maschenweite haben.

Schneckenkragen sind winzige Schneckenzäune, die Salat und noch kleine Zucchini- und Gurkenpflanzen vor den Raspelzungen der Schnecken schützen.

Nützlinge anlocken

Ist der Garten im Gleichgewicht, können wir Blattläuse und Raupen tolerieren, selbst Schnecken verlieren ihren Schrecken. Im Kraterbeet selbst oder im Umfeld können Blütenpflanzen gesät werden, die Blattlausjäger wie Marienkäfer, Schwebfliegen, Florfliegen und Schlupfwespen anlocken. Bieten Sie Vögeln ein paar Nistkästen oder ruhige Nistmöglichkeiten in Hecken an, denn sie füttern ihre Brut mit Raupen und anderen Insekten. Igel und Lurche sind nicht abgeneigt, auch mal Schnecken in ihren Speiseplan aufzunehmen. Lassen Sie ein paar Ecken in Ihrem Garten »wild« und unaufgeräumt oder schichten Sie einen Totholzhaufen auf.

Pflanzen stärken mit Ackerschachtelhalm

Ackerschachtelhalm ist unter anderem reich an Kieselsäure, die sein Pflanzengewebe festigt und widerstandsfähig gegenüber Pilzkrankheiten macht. In einer Ackerschachtelhalmbrühe kann die Kieselsäure gelöst und auf andere Pflanzen gesprüht werden, die sie dann in ihre Zellen einbauen und selbst widerstandsfähiger werden.

Bekanntermaßen gegenüber Pilzkrankheiten empfindliche Gemüsearten wie Gurken und Zucchini werden vorbeugend mit der Ackerschachtelhalmbrühe behandelt. Dafür wird der Ansatz im Verhältnis 1:5 mit Wasser verdünnt und alle zwei bis drei Wochen ausgebracht, damit auch neu gebildete Blätter geschützt sind. Denn sobald sich Pilzkrankheiten wie Echter Mehltau erst einmal auf der Pflanze etabliert haben, hilft Ackerschachtelhalm nicht mehr.

Tipp Hier ist das Rezept für Ackerschachtelhalmbrühe: 1 Kilogramm frischer oder 150 Gramm getrockneter Ackerschachtelhalm werden 24 Stunden in 10 Liter kaltem Wasser eingeweicht. Frisches Kraut wird vorher zerkleinert. Am nächsten Tag wird der Ansatz zum Kochen gebracht. Auf niedriger Stufe soll er 30 Minuten köcheln. Sobald die Brühe abgekühlt ist, wird sie abgeseiht. Vor der Behandlung 1:5 mit Wasser verdünnen.

Welcher Schädling ist das?

So sieht es aus	Verursacher	Das kann man tun	Betroffene
An Blättern			
feine, helle Punkte und Gespinste	Spinnmilben	Befallenes herausschneiden	v. a. Bohnen
Honigtau, schwarze, grüne oder gelbe, kleine Insekten in Kolonien	Blattläuse	scharfer Wasserstrahl, Bio-Mittel auf Basis von Rapsöl, Kaliseife oder Neem	alle Kulturen
Honigtau, weiße Insekten	Kohlmotten-schildlaus	Ernterückstände entfernen, Kulturschutznetz, Bio-Mittel auf Basis von Rapsöl, Kaliseife oder Neem	Grünkohl, Rosenkohl
weiße Linien	Minierfliegen, Miniermotten	befallene Pflanzenteile entfernen	Porree
weiße, pudrige Flecken	Echter Mehltau	Befallenes entfernen, stärken mit Ackerschachtelhalm, vorbeugen mit Knoblauchtee, Bio-Mittel auf Schwefelbasis, resistente Sorten	Gurke, Zucchini, Erbse
Pusteln auf der Unterseite, diffuse Flecken auf der Oberseite	Rost	Befallenes entfernen, Anbaupause, resistente Sorten	Stangenbohnen, Porree
gelbe, großflächige Flecken, durch Blatt-adern begrenzt	Falscher Mehltau	Befallenes entfernen, stärken, resistente Sorten	Gurke, Feldsalat
braune Flecken mit gelbem Hof auf Tomaten und Kartoffeln	Kraut- und Braunfäule	Befallenes entfernen, vorbeugend mit Bio-Mitteln auf Kupferbasis, resistente Sorten, Anbaupause, Ernterückstände entfernen	Kartoffel, Tomate
Löcher, schwarze Kotkrümel	Schmetterlings-raupen, Käferlarven	Eigelege zerdrücken, Larven absammeln, Kulturschutznetz, Anbaupause	v. a. Kopfkohl, Kartoffel
Löcher, Schleimspuren	Nacktschnecken	absammeln, Schneckenzäune, Schneckenkragen, Bio-Mittel auf Eisen-III-Phosphat-Basis	v. a. Salat

So sieht es aus	Verursacher	Das kann man tun	Betroffene
An Wurzeln und Knollen			
schmale Kerben, welke Pflanzen	Gemüsefliegen	Anbaupause, Kulturschutznetz, Befallenes entfernen	Möhre, Porree, Zwiebel
Bohrgänge an Kartoffeln	Drahtwürmer	bei Bodenbearbeitung absammeln	Kartoffel, Salatsetzlinge
Fraßspuren	Feldmaus, Wühlmaus	Fallen stellen	v. a. Kartoffel, Wurzelgemüse
eingesunkene, bleigraue Flecken an Kartoffeln	Kraut- und Braunfäule	Befallenes nicht einlagern, Anbaupause, Ernterückstände entfernen	Kartoffel
Wucherungen an Kohlwurzeln	Kohlhernie	Anbaupause	Kopfkohl und andere Kohlgewächse
An Früchten			
braune Flecken an Tomatenfrüchten	Kraut- und Braunfäule	Früchte entfernen	Tomate
dunkler, eingesunkener Fleck an Tomate, Paprika	Blütenendfäule (Kalziummangel)	Früchte entfernen, ausgewogen wässern, kleinfruchtige Sorten	Tomate, Paprika
braune Flecken an Bohnen	Brennfleckenkrankheit, Fettfleckenkrankheit	Früchte entfernen, weiter Pflanzenabstand, Anbaupause	Buschbohnen

Bekämpfen

In feuchten Sommern breitet sich oft die Kraut- und Braunfäule an Tomaten und Kartoffeln aus, in trockenen Jahren ist es der Echte Mehltau an Gurken und Zucchini. Blattläuse, Spinnmilben und manche Raupen bringen mehrere Generationen pro Jahr hervor, in milden Jahren mit einem frühen Frühjahr sogar noch eine weitere Herbstgeneration. Haben Sie Ihre Gemüse im Blick, dann bemerken Sie krankhafte Veränderungen schon frühzeitig und können gegensteuern. Die wichtigsten Schädlinge und Krankheiten, unter denen die Gemüse leiden können, finden Sie in der Übersicht ab Seite 106. Details gibt es bei den Gemüseporträts ab Seite 68.

Pilzkrankheiten

Sobald sich die ersten braunen, gelben oder weißen Flecken auf den Blättern, Trieben und Früchten zeigen, herrscht Alarmstimmung. Entfernen Sie die kranken Pflanzenteile und bringen Sie sie aus dem Garten oder legen Sie sie in die Mitte Ihres Komposthaufens, wo die Rottetemperatur am höchsten ist. Stark befallene Pflanzen werden komplett aus dem Beet genommen. Vor allem bei feuchtem Wetter breiten sich Pilze rasch aus.

Behandeln Sie anfällige Pflanzen daher vorbeugend mit Ackerschachtelhalmbrühe. Bei Echtem Mehltau an Kürbisgewächsen und Erbsen hilft im Anfangsstadium noch eine Behandlung mit Knoblauchtee. Dieser wird unverdünnt auf gesunde wie kranke Blätter gesprüht. Diese Prozedur wird wöchentlich wiederholt. Stark befallene Blätter werden vorher entfernt. Gegen die Kraut- und Braunfäule an Tomaten gibt es für den Bioanbau zugelassene Kupfermittel.

Tipp So wird Knoblauchtee hergestellt: 10 Gramm klein geschnittener Knoblauch wird mit 1 Liter kochendem Wasser übergossen. Nach fünf Stunden Ziehzeit wird der Tee abgegossen und sofort unverdünnt angewendet.

Insekten

Nehmen Blattlaus und Co. überhand, sollte rasch gehandelt werden. Denn Blattläuse überziehen Blätter und Triebe schnell mit ihren Kolonien, und Raupen nagen alles kurz und klein. Blattläuse werden abgestreift. Raupen und die Eigelege sammelt man ab. Schauen Sie dabei auch auf die Unterseiten der Blätter. Eine Behandlung mit im Bioanbau zugelassenen Insektiziden wie Kaliseife oder Rapsöl ist zwar auch an Gemüse möglich, aber kritisch, da auch andere Insekten davon in Mitleidenschaft gezogen werden.

Schnecken

Schnecken sammelt man am besten morgens oder abends ab. Bio-Schneckenkorn kann um den beliebten Salat ausgestreut werden.

Den Boden verbessern

Unser Boden lebt. Mikroorganismen, Spinnentiere, Insekten und andere Kleintiere leben darin und bauen organische Substanz ab. Humus entsteht und Nährstoffe werden für die Pflanzen verfügbar gemacht. Zudem steigert Humus die Bodenfruchtbarkeit und sorgt für eine stabile Krümelstruktur, was sich wiederum positiv auf die Kapazität des Bodens, Wasser und Nährstoffe zu speichern, und seine Bearbeitbarkeit auswirkt. Das ist vor allem bei leichten, sandigen Böden wichtig. Normale Gartenböden haben einen Humusgehalt von durchschnittlich zwei bis vier Prozent.

Jeder Boden ist einzigartig und sollte in seiner Gesamtheit betrachtet werden. Auf Seite 37 haben Sie Ihren Boden kennengelernt, wissen nun, welche Eigenschaften er hat und wie man ihn verbessern könnte. Am einfachsten geht Letzteres mit organischer Substanz. Bodenverbesserungsmaßnahmen werden nicht nur einmal durchgeführt. Für einen nachhaltigen Effekt wird regelmäßig im Herbst oder Frühjahr organische Substanz zugeführt. Berücksichtigen Sie dabei, dass die Bodenverbesserer Kompost, Mist und Rindenhumus zugleich Dünger sind, damit die Pflanzen nicht überversorgt werden! Mehr zu Kompost und Stallmist als Dünger lesen Sie ab Seite 93.

Kompost

Kompost bringt Luft in schwere Böden. Seine Wasserhaltefähigkeit ist geringer als die von Torf. Kompost enthält Stickstoff, Phosphor und Kalium, Spurenelemente und Kalk. Sein pH-Wert liegt zwischen 6,5 und 7,5. Wegen des hohen Kalkgehaltes darf man ihn nicht an kalkempfindliche Kulturen wie Rhododendron geben.

▸ *Aufwandmenge*: 2 bis 3 Liter pro Quadratmeter pro Jahr.

Stallmist

Mit Stallmist können leichte Böden Wasser besser speichern. Auf schweren Böden verbessert er den Lufthaushalt. Der gut verrottete Stallmist (außer Geflügelmist) wird im Frühjahr ausgebracht, dann kann er im erwärmten Boden schneller von den Mikroorganismen zersetzt werden.

▸ *Aufwandmenge*: 3 Kilogramm pro Quadratmeter alle drei Jahre.

Rindenhumus

Die kompostierte Rinde, der Rindenhumus, darf nicht mit Rindenmulch verwechselt werden. Auf schweren Böden wirkt Rindenhumus lockernd. Im Vergleich zu Torf hat er eine geringere Wasserhaltefähigkeit, dafür aber höhere Nährstoffgehalte.

▸ *Aufwandmenge*: 2 bis drei 3 Liter pro Quadratmeter pro Jahr.

Gründüngungspflanzen

Gründüngungspflanzen werden zur Bodenverbesserung angebaut. Sie durchwurzeln den Boden intensiv und lockern ihn auf diese Weise. Sie beschatten den Boden, fördern das Bodenleben und verbessern die Bodenstruktur. Gesät werden sie von Frühjahr bis Herbst. Im Herbst gesät, nehmen sie im Boden noch befindliches Nitrat auf und verhindern, dass es ausgewaschen wird. Luftstickstoff fixierende Schmetterlingsblütengewächse können gesät werden, um den Boden gezielt mit Stickstoff anzureichern.

Gründüngungspflanzen

- **Blaue Lupine** *(Lupinus angustifolius):* Stickstoff anreichernd, bodenlockernd. Schmetterlingsblütengewächs. Aussaat: April bis August
- **Erbsen** *(Pisum sativum):* schnell wachsend, unterdrückt Unkraut, Stickstoff anreichernd. Schmetterlingsblütengewächs. Aussaat: März bis Mitte Juli
- **Gelb-Senf** *(Sinapis alba):* schnell wachsend, guter Bodendecker, gute Bodenlockerung. Kreuzblütengewächs. Aussaat: Mitte August bis Ende September
- **Inkarnatklee** *(Trifolium incarnatum):* schnell wachsend, Stickstoff anreichernd. Schmetterlingsblütengewächs. Aussaat: April bis September
- **Öl-Rettich** *(Raphanus sativus var. oleiformis):* bodenlockernd, vertreibt Nematoden. Kreuzblütengewächs. Aussaat: März bis Oktober
- **Phacelia** *(Phacelia tanacetifolia):* schnell wachsend, Bienen- und Hummelweide. Wasserblattgewächs, mit keiner Gemüseart verwandt. Aussaat: März bis September
- **Serradella** *(Ornithopus sativus):* für humus- und nährstoffarme, leichte Böden, Stickstoff speichernd, kalkempfindlich. Schmetterlingsblütengewächs. Aussaat: April bis August
- **Saatwicke** *(Vicia sativa):* unterdrückt Unkraut, gute Bodenlockerung, Stickstoff speichernd. Schmetterlingsblütengewächs. Aussaat: Mitte April bis Mitte August
- **Sonnenblume** *(Helianthus annuus):* schnell wachsend. Auch wenn es schwerfällt, werden Sonnenblumen als Gründüngungspflanzen vor der Blüte gemäht und untergearbeitet. Korbblütengewächs. Aussaat: April bis Ende August
- **Tatarischer Buchweize**n *(Fagopyrum tataricum):* schnell wachsend, guter Bodendecker. Knöterichgewächs, mit keiner Gemüseart verwandt. Aussaat: April bis August
- **Winterroggen** *(Secale cereale):* winterfest, gute Durchwurzelung. Süßgras. Aussaat: September bis Oktober
- **Winterwicke** *(Vicia villosa):* gute Bodenlockerung, Stickstoff speichernd, winterfest. Schmetterlingsblütengewächs. Aussaat: August bis Oktober
- **Wickroggen:** Mischung von Winterroggen und Winterwicke im Verhältnis von meist 9:1. Aussaat: September bis Oktober

Mulchmaterialien

Organische Mulchmaterialien wie Rasenschnitt, Laub, Stroh und Pappe können jederzeit etwa 2 Zentimeter hoch aufgetragen werden. Sie beschatten den Boden, fördern das Bodenleben und unterdrücken Unkraut. Da sie mit der Zeit abgebaut werden, sollte die Schicht regelmäßig erneuert werden. Mehr zu Mulchmaterialien finden Sie auf Seite 102.

Kalk

Kalk verbessert die Krümelstruktur des Bodens, indem er Tonteilchen im Boden zu größeren Krümeln bindet. Damit erhöht sich auch die Speicherfähigkeit von Wasser und Nährstoffen im Boden. Da Kalk aber auch den pH-Wert des Bodens anhebt, sollte vor einer Kalkung immer der pH-Wert gemessen werden. Das geht schnell und einfach mit einem Test-Set aus dem Gartenfachhandel. Bei Gemüsebeeten mit Lehm- oder Lößboden sollte ein pH-Wert von 7 angestrebt werden, bei sandigen Lehmböden einer von 6,5 und bei lehmigen Sandböden einer von 6. Kohlensaurer Kalk oder Kalksteinmehl wird im Herbst ausgebracht und oberflächlich in den Boden eingearbeitet. Das feine Pulver wird am besten bei Windstille gestreut oder unter den sich zersetzenden Kompost gemischt und mit diesem im Frühjahr gegeben.

▸ *Aufwandmenge*: etwa 150 Gramm kohlensaurer Kalk pro Quadratmeter alle drei Jahre. Die Aufwandmenge schwankt je nach Bodenart. In lehmigen Böden sollte der pH-Wert immer etwas höher sein, da die Tonminerale unter pH 5,5 durch die Bodensäure zersetzt werden.

Tipp Algenkalk enthält zusätzlich Magnesium und Spurenelemente. Damit diese Elemente den Pflanzen auch tatsächlich zur Verfügung stehen, wird Algenkalk während der Wachstumszeit ausgebracht.

▸ **Gut zu wissen:** Zu hohe Kalkgaben fördern den Humusabbau. Das führt zwar kurzfristig zu einer erhöhten Nährstofffreisetzung. Langfristig greift es jedoch die Bodenstruktur an. ■

Gesteinsmehl

Tonmehle wie Bentonit lagern Wasser und Nährstoffe an ihrer im Verhältnis zur Korngröße großen Oberfläche an. Das verbessert die Speicherfähigkeit vor allem auf Sandböden. Bentonit kann das ganze Jahr über ausgebracht werden.

▸ *Aufwandmenge*: 100 bis 300 Gramm Bentonit pro Quadratmeter werden spatentief in Sandböden eingearbeitet.

Urgesteinsmehle sind zusätzlich reich an Spurenelementen. Sie wirken jedoch nicht so gut strukturverbessernd wie Bentonit. Deshalb muss für eine ähnliche Wirkung etwa die doppelte Menge, also 200 bis 600 Gramm pro Quadratmeter, eingearbeitet werden. Urgesteinsmehl eignet sich besonders gut für schwere Lehmböden und Tonböden.

Torf

Torf ist zwar ein guter Bodenverbesserer. Dennoch sollte man im Garten auf ihn verzichten, um die Torfmoore zu schützen. Geeigneter Ersatz sind Kompost und Rindenhumus.

Das Kraterbeet ergänzen: Sonnenfallen und Wärmefallen

Die Kraterbeete auf Lanzarote, in denen bis heute Wein angebaut wird, sind von niedrigen, halbrunden Mauern umgeben. Diese Mauern schützen die Weinreben vor Wind und spenden Schatten (siehe Seite 16). Sie verbessern damit das Mikroklima in den Beeten. In ähnlicher Weise können wir das Kraterbeet auch bei uns erweitern. Wobei uns hierzulande die Mauern vor allem als Sonnenfallen oder Wärmefallen, wie sie auch genannt werden, dienen. Im Schutz der Wärmefallen ist es nicht nur wärmer, es weht auch weniger Wind, vor allem, wenn sie in Haupt-

Vor der Hecke staut sich die Wärme. So entsteht ein wärmerer, geschützter Bereich, den auch Zucchini mögen. Eine freie Hecke aus Wildobst- oder Beerenobstgehölzen bringt noch weiteren Nutzen für den Garten: reiche Ernte und Rückzugsgebiet für zahlreiche Insekten, Spinnen, Vögel und Kleinsäuger.

windrichtung stehen. Solche Sonnenfallen oder Wärmefallen können aus Stein gemauert oder aus Pflanzen errichtet werden. Steinmauern haben den Vorteil, dass sie die Sonnenwärme in ihren Steinen tagsüber speichern und abends und nachts wieder an die Umgebung abgeben.

Tipp Wenn Sie keinen Platz für eine große Sonnenfalle aus Stein haben, können Sie den Effekt der warmen Steine auch im Kleinformat nutzen. Legen Sie große Steine in ein Beet, in dem wärmeliebende Gemüse, Stauden oder Kräuter wachsen.

Die Sonnenfalle wird im Norden des zu schützenden Beetes angelegt. Durch ihre nach Süden ausgerichtete, leicht geschwungene U-Form scheint von Sonnenaufgang bis Sonnenuntergang die Sonne in die Sonnenfalle hinein. Die Flanken können nach Ost und West zu einem Windschutz erweitert werden. Dieser sollte für Gemüsebeete etwa einen halben Meter hoch sein. Wichtig ist, dass die Sonnenfalle selbst keinen Schatten auf das Gemüsebeet wirft!

▸ **Gut zu wissen:** In Deutschland weht der Wind hauptsächlich aus westlicher Richtung. Die zweithäufigste Windrichtung ist die aus Nordost. ■

Tipp Steinmauern und Hecken sind wie das Kraterbeet selbst strukturgebende Elemente im Garten. Sie sollten gut geplant werden, damit sie sich harmonisch einfügen.

Sonnenfallen können auch mit Flachbeeten kombiniert werden. Hügelbeete, die in leichter U-Form angelegt werden, sind per se bereits Sonnenfallen. Verstärkt wird der Effekt, wenn sich im U ein Teich befindet, denn das Wasser reflektiert die Sonnenstrahlen auf das Hügelbeet.

Hecken

Eine u-förmige Hecke bremst den Wind ab und lässt ihn abgeschwächt durchs Geäst streichen. Die heckennahen Luftschichten erwärmen sich durch Sonnenstrahlung stärker als heckenferne, wenn auch weniger stark als an einer Steinmauer. In Regionen mit sehr starkem Wind kann die Hecke als Windschutz in Hauptwindrichtung nach Osten oder Westen über das Kraterbeet hinaus verlängert werden und niedrig auslaufen.

Die Hecke sollte sich wie die Steinmauer harmonisch in den Garten einfügen. In eher formal gestalteten Gärten mit Buchs und buchseingefassten Beeten bietet sich zum Beispiel eine Schnitthecke aus Buchs, Liguster oder Eibe an, etwa einen halben Meter hoch. In naturnahe Gärten passen lockere Wildobsthecken oder eine Reihe Beerenobst.

Tipp Die Gehölze sind starke Konkurrenten um Wasser und Nährstoffe. Achten Sie daher auf genügend Abstand zum Kraterbeet und wässern Sie bei sichtbarem Wassermangel.

Wildobsthecke mit Mehrfachnutzen

Eine Wildobsthecke bringt mehrfach Nutzen: Sie bietet Lebensraum und Nahrung für Insekten, Kleintiere und Vögel und sie schenkt uns Menschen reiche Fruchternte. Nur von wenigen Arten können die Früchte direkt vom Strauch genascht werden: unter anderem von Felsenbirnen, Kirschpflaumen und Kornelkirschen. Die meisten Arten sind eher spröde und ihr Geschmack erschließt sich erst nach der Verarbeitung. Von Felsenbirne (zum Beispiel 'Ballerina'), Holunder (zum Beispiel 'Haschberg'), Zierapfel (zum Beispiel 'John Downie') oder Kornelkirsche (zum Beispiel 'Jolico') gibt es ausgelesene Sorten mit verbesserten Fruchteigenschaften.

Stark ausläufertreibende Arten wie Schlehen oder Sanddorn gehören nicht in diese besondere Hecke, denn ihre Wurzeln würden sich bald ins Kraterbeet aufmachen und das Gemüse dort bedrängen.

Pflanzen für eine Wildobsthecke

- **Essig-Rose** *(Rosa gallica)* und **Apfel-Rose** *(Rosa villosa):* Aus den Blüten kann Rosengelee gekocht werden, aus den Hagebutten Marmelade. Blütezeit im Juni und Juli, Fruchternte ab September.
- **Kupfer-Felsenbirne** *(Amelanchier lamarckii):* Die Früchte können vom Strauch genascht werden oder man macht damit Kuchen, Konfitüre, Likör oder Kompott. Blütezeit im April, Fruchternte im Juni und Juli.
- **Berberitze** *(Berberis vulgaris):* Die säuerlichen Früchte werden getrocknet oder in Essig eingelegt. Nach dem ersten Frost sind sie etwas milder. Blütezeit im Mai und Juni, Fruchternte von August bis Oktober.
- **Kornelkirsche** *(Cornus mas):* Die säuerlich herben Früchte können genascht, zu Marmelade oder Likör verarbeitet werden. Blütezeit im März und April, Fruchternte von August bis Oktober.
- **Eingriffeliger Weißdorn** *(Crataegus monogyna):* Die getrockneten Blüten sind Bestandteil von Heiltees. Die Früchte ergänzen Konfitüren. Blütezeit im Mai und Juni, Fruchternte von August bis Oktober.
- **Schwarzer Holunder** *(Sambucus nigra):* Die Beeren werden gekocht und zu Kompott, Saft, Gelee und Likör verarbeitet. Im rohen Zustand sind sie giftig. Blütezeit im Mai und Juni, Fruchternte ab September.
- **Zierapfel** (*Malus*-Arten): Die Mini-Äpfelchen können im Ganzen zu Kompott eingekocht werden. Lecker ist auch Apfel-Likör. Blütezeit im Mai und Juni, Fruchternte im Oktober.
- **Kirschpflaume** *(Prunus cerasifera):* Die Früchte schmecken roh oder auf Kuchen. Blütezeit im April, Fruchternte im September.

Beerenobsthecke zum Naschen

Eine Obsthecke aus Beerenobststräuchern bleibt etwas niedriger und übersichtlicher als eine Wildobsthecke. Im Norden, auf Höhe des U-Bogens, können Himbeeren an einem Spalier gezogen werden, flankiert von Roten, Weißen und Schwarzen Johannisbeeren, Stachelbeeren und Apfelbeeren (Aronia).

Tipp Himbeeren vermehren sich durch unterirdische Ausläufer. Entfernen Sie diese Ausläufer rechtzeitig, bevor sie ins Kraterbeet einwandern.

Natursteinmauern

Natursteinmauern sind die besten Sonnenfallen. Denn sie bieten nicht nur Windschutz, sondern speichern in ihren Steinen die Sonnenwärme und geben sie nachts langsam wieder ab. Dunkle Steine speichern mehr Wärme als helle Steine. Das mögen vor allem wärmeliebende Pflanzen in klimatisch rauen Regionen. Helle Steine dagegen reflektieren das Sonnenlicht und sollen so die Reife von Fruchtgemüse und Obst fördern. Natursteinmauern können mit und ohne Mörtel gebaut werden. Die sogenannten Trockensteinmauern ohne Mörtel passen vor allem in naturnahe Gärten, stehen aber in ihrer modernen Ausführung mit aufeinandergeschichteten Schieferplatten auch den schlichten, modernen Gärten. In den offenen Fugen finden kleine Pflänzchen und viele Insekten und Kleintiere eine Heimat.

In flachem Gelände sind die Steinmauern häufig frei stehend. Sie sind dann zweischalig, das bedeutet, dass sie zwei Wände haben. In hügeligem Gelände wird eine einschalige oder einwandige Mauer auch als Hangbefestigung in den Hang gebaut. Auf der Mauer, der Mauerkrone, kann eine Pflanzrinne zum Bepflanzen eingefügt werden. Eine Steinmauer wird nicht mal so schnell »hingestellt«. Damit sie stabil ist und lange steht, brauchen Sie eine gute Planung und immer ein solides Fundament.

Checkliste: Das brauchen Sie für eine Trockensteinmauer

- Kalkschotter für das Fundament: 0 – 30 mm oder 0 – 45 mm
- feiner Splitt für das Fundament
- Trockenmauersteine plus Reserve
- Bruchsteine oder Splitt zum Unterfüttern des Fundaments und zum Ausfüllen von Lücken
- Dränageschotter zum Verfüllen der Mauer
- Spaten oder Minibagger zum Ausgraben des Fundaments
- Rüttelplatte zum Verdichten des Fundaments, Stampfer zum Verdichten des Dränageschotters

Eine frei stehende Trockensteinmauer

Die frei stehende Trockensteinmauer ist zweischalig, besteht also aus zwei nach innen geneigten Wänden, deren Steine ohne Mörtel aufgeschichtet werden. Im Innern ist die Mauer zum Beispiel mit Schotter und sandigem Humus verfüllt. Trockensteinmauern zu bauen, ist eine sehr alte Kunst. Sie erfordert ein gutes Auge und etwas Übung, denn die Steine werden so geschichtet, dass sie möglichst großflächig und satt aufliegen und »nahtlos« ineinanderpassen. Sie sollten auch von der Form her gut zu den Nachbarsteinen passen.

Bevor Sie anfangen, die Mauer zu bauen, ist eine sehr detaillierte Materialplanung wichtig. Nichts ist ärgerlicher, als wenn beim Bau das Material ausgeht! Für drei Quadratmeter Mauer rechnet man mit etwa einer Tonne(!) Trockenmauersteine. Für die Füllung benötigen Sie Dränageschotter oder andere Füllsteine. Wie viel Sie brauchen, können Sie mit dieser Formel ausrechnen:

$$\text{Mauerhöhe (m)} \times \text{Mauerlänge (m)} \times 0{,}6 = \text{Füllung } (m^3)$$

Verwenden Sie – wenn möglich – Natursteine aus der Region. Sie fügen sich besser in den Garten ein. Denken Sie vor der Anlieferung auch an einen Lagerplatz für die Steine, der möglichst nah am Bauplatz liegt, wo Sie aber auch genügend Platz haben, die Steine vor dem Mauerbau zu sortieren: nach Ecksteinen und Randsteinen, nach schönen Legesteinen für die Außenseiten, nach großen Fundamentsteinen, nach Decksteinen für die Mauerkrone und nach nicht so schönen Steinen für die Innenseite.

Tipp Lassen Sie sich von einem Gartenlandschaftsbauunternehmen helfen, wenn Sie unsicher sind. Denn solch eine Mauer ist ein sehr massives Element im Garten, das nach dem Bau mehrere Jahre, wenn nicht Jahrzehnte steht. Und da sollte sie solide gebaut sein – oder?

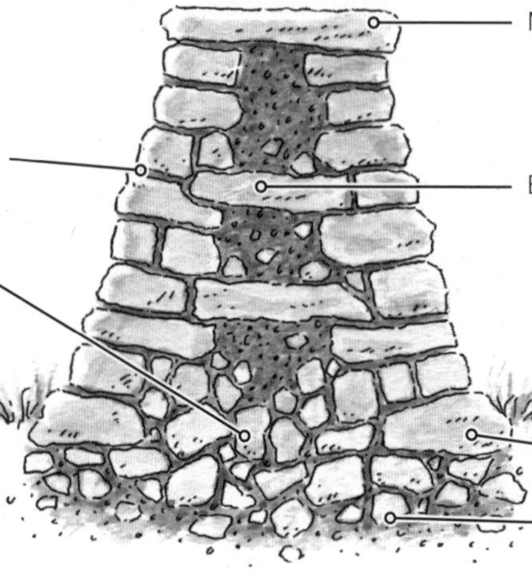

Eine Trockenmauer wird aus Natursteinen aufgeschichtet, ohne dass dabei Mörtel ins Spiel kommt. Damit auch höhere Mauern lange stehen, sind ein gut gebautes Fundament und um 12 Prozent nach innen geneigte Mauerwände wichtig.

Das Fundament ist die Basis

Für die Mauer brauchen Sie einen wasserdurchlässigen, stabilen Untergrund, der zusätzlich mit einer Rüttelplatte verdichtet wird. Das verhindert, dass Wasser von unten aufsteigt und bei Bodenfrost zu Verwerfungen in der Mauer führt. Graben Sie das Fundament etwa doppelt so tief aus wie die Steine hoch sind, das bedeutet: Verwenden Sie 20 Zentimeter hohe Steine, sollte das Fundament 40 Zentimeter tief sein. Die Breite richtet sich nach der Mauerhöhe ab Bodenniveau und sollte mindestens ein Drittel bis die Hälfte der Gesamthöhe der Mauer betragen. Auf den verdichteten Untergrund wird Kalkschotter oder ein anderes kantiges Steinmaterial mit dem Durchmesser von 0 – 45 Millimetern aufgebracht und erneut verdichtet. Das fertige Fundament befindet sich dann etwa 20 Zentimeter unter Erdniveau. Darauf wird eine etwa 5 Zentimeter hohe Ausgleichsschicht aus feinem Splitt aufgetragen.

Für die erste Lage Steine, die Fundamentsteine, werden die Steine mit ihren unförmigen Seiten nach unten in die Ausgleichsschicht gelegt, sodass die ebenen Oberseiten eine gute Grundlage für die folgenden Steine sind. Diese erste Steinschicht sollte stabil liegen und bei Bedarf mit Bruch oder Splitt unterfüttert werden. Denn hierauf steht später die gesamte Mauer.

Tipp Halten Sie einen Abstand von mindestens 40 Zentimetern zum Kraterbeet ein. Dann kommen Sie für Pflegearbeiten sowohl gut an das Kraterbeet als auch an die Steinmauer heran.

Stein auf Stein

Arbeiten Sie beim Mauern von Anfang an mit Sorgfalt. Je höher und länger die Mauer, desto wichtiger ist eine Hilfskonstruktion. Für gerade Mauern hat sich eine Lattenkonstruktion mit Schnurgerüst bewährt, bei der die Schnur mit jeder Mauerreihe nach oben wandert. Die Steine werden im Längsverband gelegt, das bedeutet, dass zwei Steine auf einen Stein und ein Stein auf zwei Steine gelegt werden. Für eine gute Verbundwirkung sollten sich die Steine zu einem Viertel bis zur Hälfte überlappen, aber mindestens 10 Zentimeter.

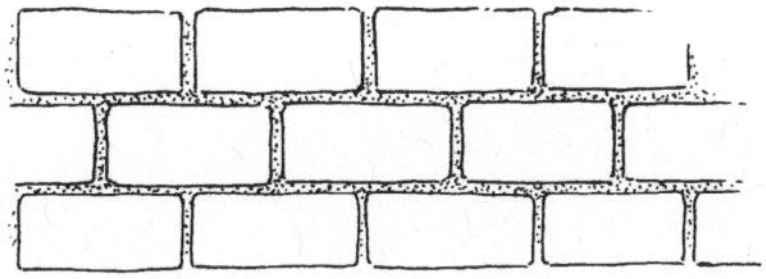

Längsverband: So liegen die Steine richtig.

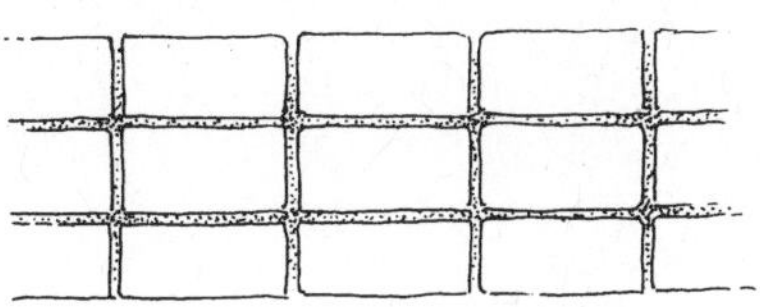

Kreuzfugen bitte unbedingt vermeiden.

Für eine frei stehende Mauer werden die Steine mit einer Neigung von zehn bis zwölf Prozent gelegt. Das bedeutet, dass die Mauer bei zehn Prozent Neigungswinkel in einer Höhe von 1 Meter 10 Zentimeter nach innen geht. Die Steine innerhalb einer Reihe sollten gleich hoch sein. Die einzelnen Reihen können aber unterschiedliche Höhen haben. Die beiden Mauern dieses zweischaligen Bauwerks wachsen gemeinsam in die Höhe. Nach jeder (Doppel-)Reihe wird das Innere der Mauer mit Bruchsteinen ausgefüllt, Dränageschotter eingefüllt und mit einem Stampfer verdichtet.

Mit ihren verschiedenen Mikroklimazonen bieten Trockenmauern Lebensraum für verschiedene Pflanzen und Tiere. Auf den folgenden Seiten finden Sie Winzlinge für die Mauerfugen auf der Nordseite und Südseite sowie Kräuter und Stauden für die Mauerkrone und für den Mauerfuß. Viele Stauden und Einjährige locken mit ihren Blüten solitäre Wildbienen, Schwebfliegen und Hummeln an, die Gartenpflanzen bestäuben. Auch Zauneidechse, Spitzmaus, Blindschleiche und verschiedenen Insekten und Spinnen bietet die Trockenmauer geeignete Versteckmöglichkeiten.

Tipp Schon während die Mauer gebaut wird, können weite Fugen für Pflanzlücken geschaffen werden. In diese können später kleinbleibende Stauden gesetzt werden. Bauen Sie auch gleich Kleinsäugersteine und Lochsteine mit ein, in die Sie später zum Beispiel hohle Stängel füllen, in denen Wildbienen nisten können.

Die Mauerkrone

Die Mauer wird nach oben hin mit Decksteinen abgeschlossen. In dieser obersten Reihe können Lücken oder eine ganze Pflanzrinne eingefügt werden, in die ein Erde-Sand-Gemisch, zum Beispiel zwei Teile Sand auf einen Teil lehmige Gartenerde, gefüllt und niedrige Pflänzchen gesetzt werden können.

Die Mauer begrünen

Auf der Mauerkrone können Stauden oder Zwerggehölze in eine Pflanzrinne ähnlich wie in ein Hochbeet gesetzt werden. Auch größere Mauerfugen auf der Südseite und Nordseite können bepflanzt werden. Die Südseite sollte jedoch nur verhalten begrünt werden. Sonst sind die Steine zu sehr verdeckt und ihre wärmespeichernde Wirkung kommt nicht zum Tragen. Vor dem Pflanzen werden die Wurzelballen in Wasser getaucht und dann waagerecht in die Mauerfugen gesetzt. Damit die Stauden in den Fugen und auf der Mauerkrone gut anwachsen, wird so lange weiter bewässert, bis sie gut angewachsen sind. Danach brauchen sie keine Zusatzbewässerung mehr.

Winzlinge für halbschattige bis schattige Mauerfugen und den halbschattigen Mauerfuß auf der sonnenabgewandten Seite

Name	Blütenfarbe	März	April	Mai	Juni	Juli	Aug.	Sept.	Okt.	Nov.
Blüte im Frühling										
Duft-Veilchen *(Viola odorata)*	lila	✿	✿							
Blüte im Sommer bis Herbst										
Brauner Streifenfarn *(Asplenium trichomanes)*	keine									
Hirschzungenfarn *(Asplenium scolopendrum)*	keine									
Gelber Lerchensporn *(Pseudofumaria lutea,* Syn. *Corydalis lutea)*	gelb		✿	✿	✿	✿	✿	✿	✿	
Mauer-Zimbelkraut *(Cymbalaria muralis)*	lila		✿	✿	✿	✿	✿	✿		
Nickendes Leimkraut *(Silene nutans)*	weiß			✿	✿	✿	✿	✿		
Wald-Erdbeere *(Fragaria vesca)*	weiß			✿	✿					
Pfennigkraut *(Lysimachia nummularia)*	gelb				✿	✿	✿			

✿ = Blühzeit

Was wächst wo?

Auch an der Trockenmauer gibt es wie im Kraterbeet unterschiedliche Klimazonen. In den Mauerfugen auf der Südseite (1) ist es sonnig und trocken. Dort gedeihen vor allem Arten, die karge Lebensbedingungen gewöhnt sind, zum Beispiel alpine Pflanzen, die auch in Steingärten wachsen, und Pflanzen der Steppen und Steilküsten. Auf der flachen Mauerkrone (2) herrschen ähnliche Bedingungen, nur steht den Pflanzen dort mehr Wurzelraum zur Verfügung, gut für Mittelmeerkräuter und ausladende Polsterpflanzen. In den Mauerfugen auf der Rückseite der Mauer (3) ist es dagegen trocken und schattig. Am Mauerfuß auf der Rückseite (4) ist es meist feuchter und schattig und die Pflanzen wurzeln in Gartenerde.

An einer Trockenmauer ergeben sich verschiedene Pflanzbereiche: die Mauerfugen auf der Südseite (1), die Mauerkrone (2), die Mauerfugen auf der Rückseite (3) und der Mauerfuß auf der Rückseite (4).

Winzlinge für sonnige bis halbschattige Mauerfugen auf der sonnenzugewandten Seite

Name	Blütenfarbe	März	April	Mai	Juni	Juli	Aug.	Sept.	Okt.	Nov.
Blüte im Frühling										
Berg-Steinkraut *(Alyssum montanum)*	gelb	✿	✿							
Duftsteinrich *(Lobularia maritima)*	weiß einjährig		✿	✿	✿					
Felsen-Schleifenblume *(Iberis saxatilis)*	weiß		✿	✿						
Felsen-Steinkresse *(Aurinia saxatilis)*	gelb		✿	✿						
Gewöhnliche Grasnelke *(Armeria maritima)*	rosa		✿	✿	✿	✿	✿	✿		
Walzen-Wolfsmilch *(Euphorbia myrsinitis)*	gelb		✿	✿	✿					
Blüte im Sommer bis Herbst										
Gewöhnliche Grasnelke *(Armeria maritima)*	rosa		✿	✿	✿	✿	✿	✿		
Sand-Thymian *(Thymus serpyllum)*	rosa			✿	✿	✿	✿	✿	✿	
Teppich-Hornkraut *(Cerastium tomentosum)*	weiß			✿	✿					
Alpen-Sonnenröschen *(Helianthemum alpestre)*	gelb				✿	✿	✿			
Feld-Thymian *(Thymus pulegioides)*	rosa				✿	✿	✿	✿	✿	
Heide-Nelke *(Dianthus deltoides)*	rosa				✿	✿	✿	✿	✿	
Milder Mauerpfeffer *(Sedum sexangulare)*	gelb				✿	✿	✿			
Spinnweb-Hauswurz *(Sempervivum arachnoides)*	karminrot				✿	✿				
Tripmadam *(Sedum reflexum)*	gelb				✿	✿				
Zwerg-Glockenblume *(Campanula cochleariifolia)*	lilablau				✿	✿	✿			
Kaukasus-Fetthenne *(Sedum spurium)*	rosa					✿	✿			
Kriechende Nelkenwurz *(Geum reptans)*	gelb					✿	✿			
Stein-Nelke *(Dianthus sylvestris)*	rosa					✿	✿	✿		

✿ = Blühzeit

Mediterrane Kräuter für die Mauerkrone

Auf der Mauerkrone kann ein kleiner Kräutergarten angelegt werden. An diesem warmen und sonnigen Standort mit gut durchlässigem Boden fühlen sich vor allem die Mittelmeerkräuter richtig wohl. Unsere heimischen Kräuter wie Petersilie und Kerbel werden besser ins Kraterbeet gesetzt.

Thymian (*Thymus*-Arten)

Polsterbildend bis buschig wachsen die verschiedenen Thymian-Arten. Sie duften herb-aromatisch und locken mit ihren rosafarbenen bis weißen Blütchen von Juni bis August viele Insekten an. Die Blättchen verfeinern Kartoffelspeisen, Suppen und Saucen. Der Garten-Thymian ist ein bewährtes Heilmittel bei Husten. Die Sträucher werden im Frühjahr zurückgeschnitten.

- Garten-Thymian *(Thymus vulgaris)* in Sorten: 'Compactus', 'Argenteus'
- Sand-Thymian *(Thymus serpyllum)*
- Kümmel-Thymian *(Thymus herba-barona)*
- Zitronen-Thymian *(Thymus × citriodorus)* in Sorten: 'Aureus', 'Golden Dwarf'
- Orangen-Thymian *(Thymus fragrantissimus)*

Salbei *(Salvia officinalis)*

Der kleine Strauch blüht von Juni bis August hellviolett. Die filzig rauen Blätter würzen Suppen, Pasta und Gemüsegerichte. In der Heilkunde wird Salbeitee bei Halsschmerzen und bei Entzündungen in Mund und Rachen angewendet. Im Frühjahr wird der Strauch zurückgeschnitten.

Rosmarin *(Rosmarinus officinalis)*

Die nadeligen Blätter passen in viele mediterrane Gerichte und in selbst gemachte Kräuteröle und -essige. Der kleine immergrüne Strauch ist bei uns nur im Weinbauklima sicher winterhart. In anderen Regionen wird er besser frostfrei im Kübel überwintert. Im Frühjahr wird er zurückgeschnitten.

Berg-Bohnenkraut *(Satureja montana)*

Von Juli bis Oktober sind die kleinen Kräutersträucher mit rosa-weißen Blütchen übersät. Eine aromatische Besonderheit ist das Zitronen-Bohnenkraut. Die Blätter beider verfeinern Bohnengerichte, Eintöpfe und Deftiges.

Echter Lavendel ***(Lavandula angustifolia)***
Die silbrig grauen Sträucher betören im Sommer mit ihren blumig, fast parfümartig duftenden lila Blüten nicht nur Insekten, sondern auch Menschen. Mit den getrockneten Blüten können Duftsäckchen gefüllt oder Zucker aromatisiert werden. Nach der Blüte wird Lavendel leicht, im Frühjahr kräftig zurückgeschnitten. Bezaubernde Sorten sind 'Blue Cushion', 'Munstead', 'Rosea' und die weiß blühende Unterart *Lavandula angustifolia* var. *alba.*

Ysop ***(Hyssopus officinalis)***
Der Ysop ist dem Lavendel mit seinen schmalen Blättern und den lila Blüten sehr ähnlich. Sein Aroma ist jedoch eher herb-frisch. Verwendet werden Blätter und Blüten als Gewürz für Eintöpfe und Fischgerichte. Ysop braucht jährlich eine Gabe Kompost. Im Frühjahr kann er kräftig zurückgeschnitten werden.

Oregano ***(Origanum vulgare)***
Wenn der Oregano ab Juli blüht, summt und brummt es in seiner Nähe. Denn Bienen, Hummeln und Wildbienen sind eifrige Besucher. Sobald der Oregano verblüht ist, erntet man seine Blütenstände und trocknet sie. Oreganoblüten sind *das* Gewürz für italienischen Tomatensugo für Pizza und Pasta. Im Frühjahr wird er bis auf den Boden zurückgeschnitten.

Schnittlauch ***(Allium schoenopraseum)***
Schnittlauch ist zwar kein echtes mediterranes Kraut, trotzdem kommt er auch gut mit den trockenen Bedingungen auf der Mauerkrone klar. Seine Blättchen sind dann zwar etwas fester, aber immer noch schmackhaft scharf. Im Juni und Juli kann man seine kugeligen, rosafarbenen Blüten bewundern. Schnittlauch braucht jährlich etwas Kompost.

Hohe Gemüsearten

Wenn Sie sich noch nicht für eine dauerhafte Lösung entscheiden möchten, können Sie auch mit hochwachsenden Gemüsearten eine Sonnenfalle mit integriertem Windschutz pflanzen. Der hoch wachsende Topinambur eignet sich zum Beispiel dafür. Die mehrjährige Sonnenblumenverwandte wird besser außerhalb des Kraterbeetes gepflanzt, denn ihre nahrhaften Knollen können nie vollständig geerntet werden. Ein paar bleiben immer im Boden und vermehren sich so. Außerhalb des Gemüsebeetes kann man das gut tolerieren. Die bis zu 2,5 Meter hohen Pflanzen blühen im Herbst. Stangenbohnen und Mais können als weitere Varianten für Windschutz und Sonnenfalle sowohl in das Kraterbeet integriert werden (siehe Pflanzpläne auf Seite 53 und Seite 59) als auch außerhalb gepflanzt werden. Mehr Information zu diesen beiden Gemüsen finden Sie auf den Seiten 83 und 86. Die robusten Feuerbohnen werden ähnlich wie Stangenbohnen gezogen.

Topinambur
Helianthus tuberosus

Pflanzen: Im Frühjahr oder Herbst werden die Knollen 5 bis 10 Zentimeter tief in den Boden gelegt. Der Pflanzabstand beträgt 50 bis 60 Zentimeter. | **Pflege:** Die mehrjährigen, winterharten Pflanzen sind anspruchslos. Sie können wie Kartoffeln angehäufelt werden. Im Frühjahr spendiert man ein wenig Kompost und während langer Trockenphasen im Sommer Gießwasser. | **Schädlinge:** *Wühlmäuse* und *Feldmäuse* nagen vor allem im Herbst und Winter an den Knollen. Vorbeugend die Pflanzzeit ins Frühjahr verlegen. | **Ernte:** Ab November, wenn das Kraut abgestorben ist, können die Knollen aus der Erde geborgen werden. Dabei lässt man ein paar Knöllchen zurück für das kommende Jahr. Topinambur kann bei nicht gefrorenem Boden bis zum Frühjahr geerntet werden. Geerntet wird am besten nach Bedarf, da die Knollen nur wenige Tage im Kühlschrank gelagert werden können. Sie werden wie Kartoffeln verarbeitet. | **Sorten:** Sorten gibt es zwar, meist sind aber nur wenige im Handel, zum Beispiel 'Topstar'.

Ein Senkgarten

Ein Senkgarten hat historisch und kulturgeschichtlich keine Verbindung zu Kraterbeeten und Sonnenfallen. Dennoch gibt es eine Gemeinsamkeit: Auch ein Senkgarten erzeugt ein günstiges Mikroklima. Und im weitesten Sinne – und Sinne dieses Buches – kann man ihn als ein größeres, befestigtes und begehbares Kraterbeet betrachten. Denn für ihn wird ein ganzer Gartenbereich ausgehoben, tiefer gelegt und mit Sitzplatz und Beeten nahezu wohnlich eingerichtet.

Das günstige Mikroklima entsteht zum einen durch die Steinmauern, die tagsüber Sonnenenergie als Wärme speichern und sie nachts wieder abgeben. Zum anderen liegt der abgesenkte Garten – wie beim Kraterbeet – windgeschützt. Ein Senkgarten wird mindestens einen halben Meter tief ausgehoben. Ab einer Tiefe von 1,5 Metern ist auch ein Sitzplatz so gut geschützt, dass seine Nutzer die Draußen-Sitzen-Saison um einige Wochen verlängern können. Dann sollte der Senkgarten jedoch groß angelegt werden, denn je tiefer er ist, desto mehr Schatten werfen die Mauern. In dieser kuscheligen Wärme fühlen sich dann auch mediterrane und andere empfindliche Pflanzen wohl.

Senkgärten wurden ursprünglich in hängigem Gelände gebaut, um Beete als Terrassen anzulegen, die zum Hang mit einer Stützmauer befestigt wurden. Später fanden Senkgärten auch in ebenen Gärten als dynamische Gartenelemente Eingang. Selbst in kleinen Gärten haben sie Platz – und erweitern den Gartenraum, denn durch verschiedene Ebenen wirkt ein Garten nicht nur größer, sondern die zur Verfügung stehende Pflanzfläche wird auch tatsächlich vergrößert.

An der tiefsten Stelle des Senkgartens, wo sich natürlicherweise das Wasser sammelt, kann ein Teich angelegt werden. Er verstärkt den Wärmespeichereffekt und lässt den Garten durch die Spiegelung in seiner Oberfläche ebenfalls größer wirken. Soll eine Terrasse mit Sitzplatz oder ein Staudenbeet eingerichtet werden, ist bei hohem Grundwasserspiegel eine Dränage mit Rohren notwendig, die das Wasser ableitet.

Der berühmte Senkgarten von Karl Foerster

In Potsdam hatte der bekannte Staudenzüchter und Gartengestalter Karl Foerster (1874 – 1970) sein Domizil. Dort arbeitete er an seinen Züchtungen und gestaltete seinen etwa 5000 Quadratmeter großen Garten. Ein Teil dieses Gartens ist der 1912 anlegte Senkgarten. Er entlehnte ihn den »sunken gardens« der englischen Landschaftsgärten der Wende zum 20. Jahrhundert. Foersters Senkgarten ist rechteckig angelegt, 25 Meter breit und 45 Meter lang und um etwa 1,5 Meter tiefer gelegt. Eingerahmt wird er von einer Natursteinmauer, die gleichzeitig die Böschung abfängt. Die terrassierten Beete sind üppig bepflanzt mit Rittersporen, Phlox, Astern und Gräsern – alles Arten, an denen er auch selbst gezüchtet hat. Im Zentrum des Senkgartens, am tiefsten Punkt, liegt ein rechteckiges Wasserbecken mit Seerosen. Der denkmalgeschützte Foerster-Garten neben der gleichnamigen Staudengärtnerei kann täglich von 9 Uhr bis zur Dämmerung besucht werden.

Planen, planen und nochmals planen

Es ist eine große Herausforderung, in Eigenregie einen Senkgarten anzulegen. Planen Sie ihn deshalb besonders gründlich und holen Sie sich im Zweifelsfall Hilfe von einem Landschaftsgärtner. Denn vor allem die Seiten müssen gut abgestützt werden, damit die Erde nicht abrutscht. Stellen Sie sich vor dem Bau deshalb diese Fragen:

- ▹ Wo soll der Senkgarten angelegt werden? In der Nähe des Hauses oder weiter entfernt?
- ▹ Wie groß und tief soll er sein? Wie viele Ebenen sind geplant?
- ▹ Soll er rund (wie unsere Kraterbeete), rechteckig oder quadratisch sein?
- ▹ Wo sollen die Zugänge liegen? Soll es eine Treppe sein oder ein Pfad?
- ▹ Sollen Trockenmauern oder Gabionen (mit Stein gefüllte Drahtgitterkörbe) die Seitenwände stützen?
- ▹ Sollen terrassierte Beete angelegt und bepflanzt werden? Muss also extra Raum für Beete eingeplant werden?
- ▹ Was befindet sich im Zentrum, am tiefsten Punkt? Ein Teich oder Wasserbecken, ein Sitzplatz oder ein Beet?
- ▹ Was soll mit dem Aushub geschehen? Soll er wie eine zusätzliche Ebene um den Senkgarten aufgeschüttet werden?
- ▹ Liegt der Grundwasserspiegel hoch? Dann muss eventuell eine Dränage eingeplant werden.

Tipp Nutzen Sie eine natürliche Senke im Garten. Das macht den Bau einfacher.

Planen Sie den Senkgarten großzügig, denn durch die Stützmauern geht einiges an Raum verloren, vor allem wenn noch Beete angelegt werden. Überschlagen Sie auf einem Blatt Millimeterpapier, welchen Raum Sie für die verschiedenen Ebenen benötigen. Beginnen Sie dabei im Zentrum und arbeiten Sie sich zum Rand vor: Soll im Zentrum ein Teich entstehen, sollte um ihn herum ein Weg verlaufen, von dem aus die Beete gepflegt werden können, vielleicht sogar mit Raum für einen kleinen Sitzplatz zum Entspannen. Unter 2,5 Meter Innendurchmesser auf der untersten Ebene bis zu den Stützmauern lohnt es sich kaum, einen Senkgarten anzulegen. Alles darunter wirkt beengt. Wie breit sollen die Hochbeete hinter den Stützmauern sein? Das wiederum hängt von den Pflanzen ab, die Sie dort unterbringen möchten. Die Zugangstreppe wird mit einer Stufenhöhe von 15 Zentimetern und einer Stufenbreite von 35 Zentimetern geplant. Je größer der Senkgarten sein darf, desto mehr Spielraum haben Sie bei der Gestaltung. Je nach Größe können mehrere Ebenen angelegt werden. Lassen Sie sich vom berühmten Senkgarten von Karl Foerster inspirieren (siehe Seite 131).

So wird ein Senkgarten gebaut

An dieser Stelle möchte ich nur einen kurzen Eindruck vermitteln, welche Arbeiten mit einem Senkgarten verbunden sind, damit Sie entscheiden können, ob Sie selbst bauen oder bauen lassen.

Im Grunde geht man ähnlich vor wie bei der Anlage des Kraterbeetes. Bevor man anfängt, die Grube auszuheben, werden die Umrisse des Senkgartens mit einem Seil gelegt. So kann man sich über die Dimensionen klar werden. Wie groß ist das Zentrum, wo ist der Teich und wie sind dessen Ausmaße, wo sind die Mauern und wo die terrassierten Beete, wo ist der Zugang? Das alles wird markiert und eventuell noch einmal nachjustiert. Überlegen Sie sich, wo Sie die Materialien – Steine zur Hangbefestigung, Teichfolie … – und den Aushub lagern.

Machen Sie sich die Grabungsarbeiten einfach und leihen Sie sich einen Mini-Bagger oder lassen Sie ausbaggern. Das geht sehr viel schneller, als wenn Sie mit Spaten und Schaufel ans Werk gehen. Sammeln Sie den belebten Oberboden getrennt vom unbelebten Unterboden. Den Unterboden können Sie zum Modellieren eines Walls verwenden. Der Oberboden kann in die terrassierten Beete gefüllt werden.

Ist die Grube ausgehoben, werden die Seitenwände mit Stützmauern abgefangen. Gut eignen sich hierfür Trockensteinmauern, da bei ihnen auch die Fugen bepflanzt werden können. Die Trockensteinmauern werden mit etwa zehn Prozent Neigung zum Hang hin verbaut. Hinter die Mauer werden eine Dränage und ein Geotextil verlegt.

Lebensraum Senkgarten

Jede Innenseite des Senkgartens hat ein anderes Mikroklima, das durch die unterschiedliche Intensität der Sonnenstrahlung entsteht. Auf der sonnigen Südseite ist es trocken und warm. Auf der schattigen Nordseite ist es kühler und meist feuchter. Auf den oberen Ebenen ist es trockener als auf den unteren Ebenen und in der zentralen Senke. So bietet der Senkgarten unterschiedliche Lebensräume für Pflanzen und Tiere. In die Fugen der Stützmauern können dieselben Pflanzenarten eingesetzt werden wie in Trockenmauerfugen (siehe Seite 123 und Seite 125).

Pflanzen für die sonnenabgewandten Mauerbeete

Name	Blütenfarbe	März	April	Mai	Juni	Juli	Aug.	Sept.	Okt.	Nov.
Brauner Streifenfarn *(Asplenium trichomanes)*	keine									
Kaukasische Gänsekresse *(Arabis caucasica)*	weiß		✿	✿						
Moos-Steinbrech *(Saxifraga × arendsii)*	rosa		✿	✿						
Bärenfellgras *(Festuca gautieri)*	gelb			✿	✿					
Karpaten-Glockenblume *(Campanula carpatica)*	himmelblau			✿	✿	✿				

✿ = Blühzeit

Pflanzen für die sonnigen Mauerbeete und die Mauerkrone

Name	Blütenfarbe	März	April	Mai	Juni	Juli	Aug.	Sept.	Okt.	Nov.
Blaukissen *(Aubrieta)*	blau, weiß		✿	✿						
Immergrüne Schleifenblume *(Iberis sempervirens)*	weiß		✿	✿						
Karpaten-Schaumkresse (*Arabis procurrens)*	weiß, immergrüne Blätter		✿	✿						
Polster-Phlox *(Phlox subulata)* in vielen Sorten	weiß, rosa			✿	✿					
Polster-Seifenkraut *(Saponaria ocymoides)*	rosa			✿	✿	✿				
Polster-Nachtkerze *(Oenothera missouriensis)*	gelb				✿	✿	✿	✿		
Purpur-Fetthenne *(Sedum cauticola)*	rosa, purpurfarbene Blätter				✿	✿	✿			
Woll-Ziest *(Stachys byzantina)*	rosa, silbrig behaarte Blätter				✿	✿				
Lavendel *(Lavandula angustifolia)*	lila					✿	✿			
Aster *(Aster dumosus, Aster novae-angliae, Aster novi-belgii)* in verschiedenen Sorten	weiß, rosa, lila						✿	✿	✿	
Hohe Fetthenne *(Sedum telephium)*	rosa						✿	✿	✿	

✿ = Blühzeit

Die Autorin

Dr. Natalie Faßmann ist Gartenbauingenieurin und Autorin. Sie arbeitet als Redakteurin bei der »GartenFlora«, wo sie die Ressorts Gartengestaltung und Pflanzenschutz betreut, und engagiert sich in verschiedenen Urban-Gardening-Projekten. Die Autorin lebt mit ihrer Familie in Berlin.

Im pala-verlag sind von ihr außer diesem Buch die Titel »Auf gute Nachbarschaft. Mischkultur im Garten«, »In die Falle gegangen. Pflanzenschutz mit Gelbtafel, Leimgürtel, Schutznetz & Co.«, »Beinwelljauche, Knoblauchtee & Co. Pflanzenauszüge zum Düngen und Stärken« sowie »Das Indianerbeet. Die Drei Schwestern im Garten« erschienen.

Wissenswertes zum Schluss

Forschung über Kraterbeete weltweit

Lanzarote

Tejedor, M., Jiménez, C. & Díaz, F. (2004): **Dry Farming with soils under natural tephra cover in Lanzarote, Spain.** Soil Use and Management 20, 360-362. https://www.researchgate.net/publication/249376805

Kratergarten Moray in den Anden

Atwood, R. (2007): **Mystery Circles of the Andes.** Archeology 60, 55-61. http://wps.prenhall.com/wps/media/objects/12330/12626747/myanthropologylibrary/PDF/A_ARC_2_Atwoo_501.pdf

Wright, K. R. (2008): **A True Test of Sustainability.** Water Environment & Technology September/2008, 78-87. http://www.sewerhistory.org/images/w/wsa/WET_Feature1Wright_Sept08_wsa01.pdf

Der Karl-Foerster-Senkgarten

Der Karl-Foerster-Garten in Potsdam und die benachbarte Foerster-Staudengärtnerei sind eine Reise wert:

Am Raubfang 6
14469 Potsdam-Bornim
Öffnungszeiten: täglich 9 Uhr bis Dämmerung

Bodenuntersuchungslabore

Bodenuntersuchungslabore in Ihrer Umgebung finden Sie im Branchentelefonbuch, im Internet oder über den VDLUFA (Verband Deutscher Landwirtschaftlicher Untersuchungs- und Forschungsanstalten e. V., www.vdlufa.de).

Bezugsquellen

Saatguterhaltungsvereine

Saatguterhaltungsvereine sammeln und erhalten regionales und historisches Saatgut. Hier eine Auswahl:

VERN e. V.
Burgstraße 20
16278 Greiffenberg / Uckermark
www.vern.de

Arche Noah
Obere Straße 40
3553 Schiltern
Österreich
www.arche-noah.at

ProSpecieRara
Unter Brüglingen 6
4052 Basel
Schweiz
www.prospecierara.ch

Pflanzen und Saatgut

Deaflora
Dr.-Wolff-Straße 6
14542 Werder / Havel OT
Glindow
www.deaflora.de

Kräuter Simon
Strengweg 1 (Efkebüll)
25842 Langenhorn
www.kraeuter-simon.de

Lubera GmbH
Im Vieh 8
26160 Bad Zwischenahn
OT Ekern
www.lubera.com

Rühlemann's Kräuter und Duftpflanzen
Auf dem Berg 2
27367 Horstedt
www.kraeuter-und-duftpflanzen.de

Bioland Hof Jeebel
Jeebel 17
29410 Salzwedel OT Jeebel
www.biogartenversand.de

Lichtenborner Kräuter
Twetgenweg 10
37181 Hardegsen-Lichtenborn
www.lichtenborner-kraeuter.de

Manufactum GmbH
Hiberniastraße 5
45731 Waltrop
www.manufactum.de

Stauden-Stade
Beckenstrang 24
46325 Borken-Marbeck
www.stauden-stade.de

Ahornblatt GmbH
Untere Zahlbacher Straße 1 a
55131 Mainz
www.ahornblatt-garten.de

Kräuter- und Wildpflanzen-Gärtnerei Strickler
Lochgasse 1
55232 Alzey-Heimersheim
www.gaertnerei-strickler.de

Bingenheimer Saatgut AG
Kronstraße 24
61209 Echzell-Bingenheim
www.bingenheimersaatgut.de

Rieger-Hofmann GmbH
In den Wildblumen 7 – 11
74572 Blaufelden-Raboldshausen
www.rieger-hofmann.de

Hof Berg-Garten
Lindenweg 17
79737 Herrischried
www.hof-berggarten.de

grünerTiger
Fallerstraße 18
82433 Bad Kohlgrub
www.gruenertiger.de

Blumenschule
Augsburger Str. 62
86956 Schongau
www.blumenschule.de

Staudengärtnerei Gaißmayer GmbH
Jungviehweide 3
89257 Illertissen
www.gaissmayer.de

Bio-Saatgut Gaby Krautkrämer
Weingartenstraße 58
97252 Frickenhausen am Main
www.bio-saatgut.de

C. und R. Zollinger
1897 Les Evouettes
Schweiz
www.zollinger-samen.ch

Kleinsäugersteine

Schwegler Vogel- und Naturschutzprodukte GmbH
Heinkelstraße 35
73614 Schorndorf
www.schwegler-natur.de

Natalie Faßmann:
Das Indianerbeet
ISBN: 978-3-89566-351-2

Natalie Faßmann:
Auf gute Nachbarschaft
ISBN: 978-3-89566-257-7

Natalie Faßmann:
Beinwelljauche, Knoblauchtee & Co.
ISBN: 978-3-89566-312-3

Dettmer Grünefeld:
Das Mulchbuch
ISBN: 978-3-89566-218-8

Masanobu Fukuoka:
Der Große Weg hat kein Tor
ISBN: 978-3-89566-206-5

Irmela Erckenbrecht:
Die Kräuterspirale
ISBN: 978-3-89566-290-4

Graham Bell:
Der Permakultur-Garten
ISBN: 978-3-89566-196-9

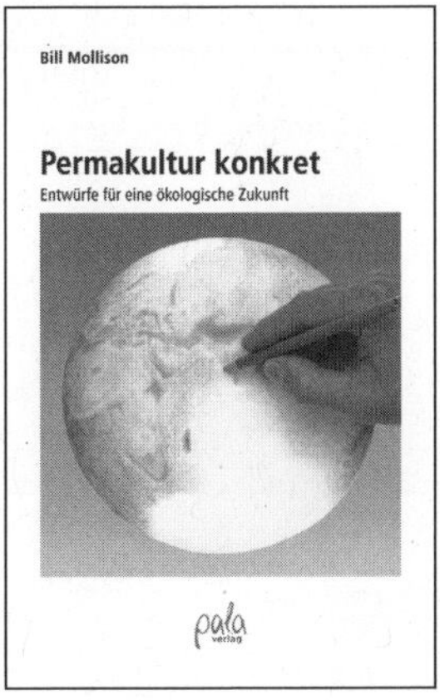

Bill Mollison:
Permakultur konkret
ISBN: 978-3-89566-198-3

ISBN: 978-3-89566-355-0

Rheinstraße 35, 64283 Darmstadt
www.pala-verlag.de

Umschlag- und Innenillustrationen: Margret Schneevoigt

Lektorat: Angelika Eckstein

Satz und Gestaltung: Die Werkstatt Medien-Produktion GmbH

Druck und Bindung: BELTZ Bad Langensalza GmbH
www.beltz-grafische-betriebe.de
Printed in Germany

Dieses Buch ist auf Papier aus 100 % Recyclingmaterial gedruckt.